Casher for the Beginning

图例讲解 | 简单直接 | 易学易会 | 轻松上手

从零开始学出纳

图解版

胡娟华　编著

化学工业出版社

·北京·

本书共 8 章，主要针对出纳这个职位所涉及的工作内容，进行了详细的介绍，各章节之间既有区别又有联系。出纳主要的工作内容是什么，出纳应掌握怎样的专业知识，在工作中应具备哪些素质以及工作技能和技巧，这些琐碎的工作又是怎样的一个流程，出纳都应该知道。本书就是针对以上问题，一一做出解答。在解答的过程中，运用了很多实例，使解答的过程不再空洞且脱离实际工作。

本书对于出纳新人对出纳这个职业的认识，对于出纳在工作中遇到的问题以及出纳在其职业规划中应具备的专业知识和素质等，都有着很强的指导意义。

本书主要针对准备从事出纳职业的零基础人员或是从事出纳职业的企业工作人员。

图书在版编目（CIP）数据

从零开始学出纳（图解版）/胡娟华编著． —北京：化学工业出版社，2011.9（2024.1重印）

ISBN 978-7-122-12164-6

Ⅰ. 从⋯　Ⅱ. 胡⋯　Ⅲ. 出纳-基本知识　Ⅳ. F23

中国版本图书馆 CIP 数据核字（2011）第 174838 号

责任编辑：罗　琨　　　　　　　　　　装帧设计：尹琳琳
责任校对：洪雅姝

出版发行：化学工业出版社（北京市东城区青年湖南街 13 号　邮政编码 100011）
印　　装：涿州市般润文化传播有限公司
710mm×1000mm　1/16　印张 13¼　字数 151 千字
2024 年 1 月北京第 1 版第 14 次印刷

购书咨询：010-64518888　　　　　　　　售后服务：010-64518899
网　　址：http://www.cip.com.cn
凡购买本书，如有缺损质量问题，本社销售中心负责调换。

定　　价：38.00 元　　　　　　　　　　　　　　　版权所有　违者必究

前言

出纳，是会计部门的一个组成部分，主要负责企业现金和银行存款的收入与支出以及其他相关工作。在企业经营活动中，出纳起着举足轻重的作用。一个合格的出纳，对于提高整个会计部门的工作质量及工作效率，起着积极的作用。

而对于一个出纳新人而言，在自己的职责和权限范围内，应该具备怎样的基本素养和基本职业技能；每天的工作流程是什么；在工作的过程中，应该具备怎样的基本会计知识；面对每天进进出出的货币资金，应该如何管理；针对工商、税务及社保方面的琐碎事情，应该如何处理等，这一切出纳都必须清楚。

本书的特点

- 实用。本书能够让读者在看过书中内容后，对出纳这个职业有深刻的认识，并助其快速进入出纳这个角色，胜任企业中出纳的一切工作。
- 浅显易懂。本书的语言通俗易懂，尤其是针对一些概念的描述，用最平实的话讲出最专业的知识，读起来不再那么枯燥乏味而难以理解。
- 全面。本书由浅入深地、全面地讲述了作为一名出纳涉及的各个方面的工作，囊括的内容比较多。
- 生动。本书对于一些重点以案例分析和图表形式表现出来，使读者能够更直观地了解出纳工作中的专业知识。
- 专业。本书不仅能为出纳快速入门提供指南，而且能让已从事出纳工作的人员对出纳工作有更深的认识，为出纳走上会计之路做好铺垫工作。

本书的主要内容

第1章主要介绍出纳这个职位的相关情况，如职权、工作原则、

前言

工作内容，以及针对出纳这个职位，应掌握的一些基础会计知识，让出纳新人对出纳这个职位有整体的认识、清楚的定位。

第2章主要介绍出纳在日常工作中应掌握的一些专业技巧，如文字与数字的书写、点钞、钞票验真伪等。掌握了这些小技巧，出纳在工作中才可以达到事半功倍的效果。

第3章通过对出纳会接触到的一些会计资料的详细介绍，让读者了解这些会计资料的概念、作用以及其使用和管理流程。其中辅以一些小实例，加深读者对此的认识。

第4章介绍出纳工作中最重要的环节，即现金的使用及管理，辅以一些实例，根据实例编制基本的会计分录，将出纳的工作从空洞的概念转移到实际操作中，增加了实用性及可操作性。

第5章对企业在银行的开户行为做了详细的介绍，为后期出纳进行银行账户结算等业务做好了铺垫。

第6章主要讲述出纳在进行银行存款账户结算时所使用的各种方式以及各种使用方式的操作流程，相信对于一个新出纳来说，这些都具有很强的指导意义。

对于一些规模较小的企业，出纳的工作就不仅仅是各种资金的结算等，还包括和工商、税务等打交道，以及为员工办理五险一金等相关事宜，第7章针对出纳以上的工作做了详细的介绍。相信出纳在看完这章后，去相关单位办理业务时就不再迷茫了。

第8章以实例详细讲解了出纳的其他相关工作，如工资核算、财务报表的填制等，同时还结合各种图片介绍了很多出纳在工作中会用到的 Excel 小技巧。

适合阅读本书的读者

本书主要针对以下人员：

前言

- 准备从事出纳职业的零基础人员
- 已从事出纳职业的企业工作人员
- 高校就读的学生及老师
- 社会培训班的学员及老师

本书由胡娟华主持编写，同时感谢在编写中提供帮助的王安平、王成喜、王淑敏、谢马远、张丹、张迪妮、钟蜀明、竺东、祝庆林、陈水峰、慈元龙、关蔼婷、贺宇、胡立实、黄丽莉、张昆。

目录

第1章 出纳工作的理论知识

- 1.1 出纳职业的定义 ⋯⋯⋯⋯⋯⋯⋯⋯⋯⋯⋯⋯ 2
- 1.2 出纳人员的职权 ⋯⋯⋯⋯⋯⋯⋯⋯⋯⋯⋯⋯ 2
  - 1.2.1 出纳人员的职责 ⋯⋯⋯⋯⋯⋯⋯⋯⋯ 2
  - 1.2.2 出纳人员的权限 ⋯⋯⋯⋯⋯⋯⋯⋯⋯ 3
- 1.3 出纳工作的特点 ⋯⋯⋯⋯⋯⋯⋯⋯⋯⋯⋯⋯ 5
- 1.4 出纳人员工作的原则 ⋯⋯⋯⋯⋯⋯⋯⋯⋯⋯ 6
- 1.5 出纳人员的基本素质 ⋯⋯⋯⋯⋯⋯⋯⋯⋯⋯ 8
- 1.6 出纳与会计的关系 ⋯⋯⋯⋯⋯⋯⋯⋯⋯⋯⋯ 9
  - 1.6.1 出纳与会计的联系 ⋯⋯⋯⋯⋯⋯⋯⋯ 9
  - 1.6.2 出纳与会计的区别 ⋯⋯⋯⋯⋯⋯⋯⋯ 9
- 1.7 出纳工作的会计理论基础 ⋯⋯⋯⋯⋯⋯⋯⋯ 10
  - 1.7.1 会计概述 ⋯⋯⋯⋯⋯⋯⋯⋯⋯⋯⋯⋯ 10
  - 1.7.2 会计的基本职能 ⋯⋯⋯⋯⋯⋯⋯⋯⋯ 10
  - 1.7.3 会计核算要素及其内容 ⋯⋯⋯⋯⋯⋯ 11
  - 1.7.4 会计科目 ⋯⋯⋯⋯⋯⋯⋯⋯⋯⋯⋯⋯ 13
  - 1.7.5 会计账户 ⋯⋯⋯⋯⋯⋯⋯⋯⋯⋯⋯⋯ 15
- 1.8 出纳人员的日常工作内容 ⋯⋯⋯⋯⋯⋯⋯⋯ 18
  - 1.8.1 货币资金的核算 ⋯⋯⋯⋯⋯⋯⋯⋯⋯ 18
  - 1.8.2 往来款项结算 ⋯⋯⋯⋯⋯⋯⋯⋯⋯⋯ 19
  - 1.8.3 工资核算 ⋯⋯⋯⋯⋯⋯⋯⋯⋯⋯⋯⋯ 19
  - 1.8.4 出纳人员的其他工作内容 ⋯⋯⋯⋯⋯ 20

第2章 出纳基本功修炼

- 2.1 文字和数字书写规则 ⋯⋯⋯⋯⋯⋯⋯⋯⋯⋯ 22

目录

　　　2.1.1　文字书写规则 …………………… 22
　　　2.1.2　数字书写规则 …………………… 22
　2.2　计算器的使用方法 ……………………… 23
　2.3　人民币管理 ……………………………… 25
　　　2.3.1　如何识别人民币真假 …………… 25
　　　2.3.2　残币的处理方法 ………………… 26
　2.4　点钞技术 ………………………………… 27
　　　2.4.1　点钞的基本程序 ………………… 27
　　　2.4.2　点钞的基本方法 ………………… 28
　2.5　保险柜的管理 …………………………… 28
　　　2.5.1　保险柜的管理权限 ……………… 29
　　　2.5.2　保险柜钥匙的配备 ……………… 29
　　　2.5.3　保险柜的开启 …………………… 29
　　　2.5.4　财物的保管 ……………………… 30
　　　2.5.5　保险柜的维护 …………………… 30
　2.6　出纳报告的编制 ………………………… 31
　　　2.6.1　出纳报告单的编制 ……………… 31
　　　2.6.2　银行存款余额调节表的编制 …… 32
　2.7　发票的管理 ……………………………… 33
　　　2.7.1　发票样式说明 …………………… 34
　　　2.7.2　发票真伪的鉴别和检查 ………… 36
　　　2.7.3　发票的购买 ……………………… 38
　　　2.7.4　发票的开具流程 ………………… 39
　　　2.7.5　退票、废票的处理 ……………… 42
　　　2.7.6　违反发票管理规定的法律责任 … 43
　2.8　印章的管理 ……………………………… 47

目录

  2.8.1 印章的使用 ……………………… 47
  2.8.2 印章的管理 ……………………… 48

第3章　凭证、账簿和票据的管理

 3.1 凭证的管理 ………………………… 50
  3.1.1 会计凭证的概念 ………………… 50
  3.1.2 会计凭证的作用 ………………… 50
  3.1.3 会计凭证的分类 ………………… 51
  3.1.4 原始凭证的填制 ………………… 55
  3.1.5 原始凭证的审核 ………………… 58
  3.1.6 记账凭证的填制 ………………… 60
  3.1.7 记账凭证的审核 ………………… 64
  3.1.8 凭证的装订 ……………………… 67
  3.1.9 凭证的保管 ……………………… 68
 3.2 账簿的管理 ………………………… 69
  3.2.1 账簿的概念及作用 ……………… 69
  3.2.2 账簿的分类 ……………………… 70
  3.2.3 启用账簿 ………………………… 70
  3.2.4 登记账簿 ………………………… 71
  3.2.5 错账的更正方法 ………………… 76
  3.2.6 账簿的更换及保管 ……………… 78
 3.3 票据的管理 ………………………… 79
  3.3.1 票据的概念及分类 ……………… 79
  3.3.2 票据行为 ………………………… 82
  3.3.3 票据转让 ………………………… 83
  3.3.4 票据的保管 ……………………… 85

目录

  3.3.5 票据遗失 ················· 86
  3.3.6 支票的购买 ··············· 86

第4章 现金管理和现金收支

 4.1 现金管理 ···················· 89
  4.1.1 现金管理概述 ·············· 89
  4.1.2 现金管理的原则 ············· 89
  4.1.3 现金管理制度 ·············· 90
 4.2 现金收支 ···················· 91
  4.2.1 现金收支的原则 ············· 91
  4.2.2 现金收支的规定 ············· 92
  4.2.3 现金的提取 ··············· 93
  4.2.4 现金收支的核算 ············· 95
 4.3 现金报销 ···················· 98
 4.4 备用金的核算 ················· 100
 4.5 现金的送存 ·················· 101
 4.6 现金的保管 ·················· 102
 4.7 现金的清查 ·················· 102

第5章 银行存款与结算

 5.1 银行存款账户的管理 ············· 106
  5.1.1 银行存款账户管理原则 ·········· 106
  5.1.2 银行存款账户的种类 ··········· 106
  5.1.3 开立银行存款账户的条件 ········· 107
  5.1.4 开立银行存款账户的流程 ········· 108
  5.1.5 银行存款账户的变更、迁移、

目录

　　　　合并和撤销 …………………………… 109
　5.2　银行存款管理 …………………………… 110
　5.3　银行存款结算 …………………………… 111
　　5.3.1　银行存款结算的基本要求 ………… 111
　　5.3.2　银行存款结算的基本原则 ………… 112
　　5.3.3　银行存款收支的核算 ……………… 113

第6章　银行转账与结算

　6.1　银行转账结算的管理 …………………… 120
　　6.1.1　银行转账结算概述 ………………… 120
　　6.1.2　银行转账结算应注意的问题 ……… 120
　　6.1.3　转账支票入账 ……………………… 121
　　6.1.4　转账支票汇款 ……………………… 122
　6.2　银行转账结算程序 ……………………… 124
　　6.2.1　银行汇票结算程序 ………………… 125
　　6.2.2　商业汇票结算程序 ………………… 125
　　6.2.3　银行本票结算程序 ………………… 125
　　6.2.4　支票结算程序 ……………………… 126
　　6.2.5　托收承付结算程序 ………………… 127
　　6.2.6　委托收款结算程序 ………………… 127
　　6.2.7　汇兑结算程序 ……………………… 128

第7章　工商、税务、社保其实很简单

　7.1　了解工商 ………………………………… 130
　　7.1.1　企业注册 …………………………… 130
　　7.1.2　企业信息公开 ……………………… 131

目录

  7.1.3 企业的合并、分立、解散清算和
     破产清算 …………………………… 133
  7.1.4 企业资本的变更登记 ……………… 138
 7.2 了解税务 …………………………………… 138
  7.2.1 国税与地税的区分 ………………… 139
  7.2.2 开业税务登记 ……………………… 139
  7.2.3 税务登记变更 ……………………… 141
  7.2.4 税务登记注销 ……………………… 142
  7.2.5 如何办理纳税申报 ………………… 143
  7.2.6 税金的核算 ………………………… 146
  7.2.7 税款征收方式 ……………………… 155
  7.2.8 违反税款缴纳规定的法律责任 …… 156
 7.3 了解五险一金 ……………………………… 159
  7.3.1 企业新参保业务程序 ……………… 159
  7.3.2 企业员工五险参保 ………………… 160
  7.3.3 企业员工减少社会保险 …………… 162
  7.3.4 企业社会保险变更 ………………… 163
  7.3.5 员工社会保险缴费基数核定 ……… 164
  7.3.6 员工社会保险补缴 ………………… 166
  7.3.7 企业整体转出、转入业务 ………… 168
  7.3.8 企业社会保险注销登记 …………… 168
  7.3.9 住房公积金开户流程 ……………… 169

第8章 出纳要懂的其他知识

 8.1 工资的核算 ………………………………… 179
  8.1.1 核算工资 …………………………… 179

目录

  8.1.2 编制工资表 …………………………… 180
  8.1.3 取现 ………………………………………… 180
  8.1.4 发放工资 …………………………………… 181
  8.1.5 发放工资的相关会计分录 ……………… 181
 8.2 出纳人员应具备的办公自动化技巧 ……… 182
  8.2.1 工资表的建立 …………………………… 183
  8.2.2 制作员工工资表图表 …………………… 190
  8.2.3 工资表的排序 …………………………… 192
 8.3 财务报表的填制 ……………………………… 193
  8.3.1 资产负债表 ……………………………… 193
  8.3.2 利润表 …………………………………… 197

第1章 出纳工作的理论知识

古人曾经将人的五官之一的"口"比作出纳官,如果说口的吞吐对人的健康起着重要作用。那么,出纳把关的质量,对一个企业的经济状况也起着很大作用。一名合格的出纳,应该对自己有清楚的认识及定位,明确自己的职责权限并积极付诸实际行动,这样才能对企业会计部门的工作起积极推动的作用,才能为企业效益最大化添砖加瓦。

1.1 出纳职业的定义

出纳在企业财务部门扮演着一个重要角色。对于一个达到一定规模，并且制度完善的企业，出纳主要负责企业现金的收付、往来款项的核对、员工差旅费的报销、工资及福利费用的发放、登记现金日记账及银行存款日记账等所有涉及企业货币资金的业务。但是对于一个规模较小的企业，管理层为了做到成本最小化、效益最大化，往往会给出纳人员分配更多其他的工作。比如，除以上工作内容外，出纳还负责购买发票，到工商、税务以及社保这些国家机构办理有关事宜等。所以，一个优秀的出纳，其在财务部门的作用绝对不容小觑。

1.2 出纳人员的职权

会计部门作为企业的一个重要部门，其内部结构也应按照人员工作内容合理分工设岗，如会计主管、出纳、成本费用核算人员等。对于每一个岗位人员，明确自己的岗位职责和权限，是将工作效益最大化的前提条件。

1.2.1 出纳人员的职责

根据《会计法》《会计人员职权条例》《会计人员工作规则》等法规，出纳员具有以下职责：

- 按照国家有关现金管理和银行结算制度的规定，办理现金收付和银行结算业务。出纳员应严格遵守现金开支范围，非现金结算范围不得用现金收付；遵守库存现金限额，超限额的现金按规定及时送存银行；现金管理要做到日清月结，账面余额与库存现金每日下班前应核对，发现问题，及时查对；银行存款日记账与银行对账单余额也要及时核对，如有不符，应立即通知银行调整。

- 根据会计制度的规定，在办理现金和银行存款收付业务时，要严格审核有关原始凭证，再据以编制收付款凭证，然后根据编制的收付款凭证逐笔顺序登记现金日记账和银行存款日记账，并结出余额。对于不真实、不合法的原始凭证，出纳不应据其入账。
- 按照国家外汇管理和对购汇制度的规定及有关批件，办理外汇出纳业务。
- 掌握银行存款余额，不准签发空头支票，不准出租、出借银行账户为其他企业办理结算。
- 保管库存现金和各种有价证券（如国库券、债券、股票等），保证其安全与完整。
- 保管有关印章、空白收据和空白支票。

【例 1-1】某国际股份有限公司出纳人员在审核收到的原始发票时，发现发票上大小写金额不一致，由于发票金额不大，出纳自己按照正确金额改动后编制支出凭证。

上述案例中，出纳的做法是否正确？具体说明原因。

解答：出纳的做法是错误的。职责中规定出纳"根据会计制度的规定，在办理现金和银行存款收付业务时，要严格审核有关原始凭证，再据以编制收付款凭证"。所以，出纳在发现原始凭证错误的情况下，对其自行改动并据以编制支出凭证，这样的做法是错误的。

1.2.2 出纳人员的权限

根据《会计法》《会计人员职权条例》《会计人员工作规则》等法

规，出纳员具有以下权限：

- 维护财经纪律，执行财会制度，抵制不合法的收支和弄虚作假行为。

- 《会计法》第一章第三条、第四条、第五条、第六条中对会计人员如何维护财经纪律做出了具体规定。《会计法》规定：各企业的会计机构、会计人员对本企业实行会计监督。

- 会计机构、会计人员对不真实、不合法的原始凭证，不予受理；对记载不准确、不完整的原始凭证，予以退回，要求更正、补充。会计机构、会计人员发现账簿记录与实物、款项不符，应当按照有关规定进行处理；无权自行处理的，应当立即向本企业领导人报告，请求查明原因，作出处理。

- 会计机构、会计人员对违法的收支，应当制止和纠正；制止和纠正无效的，应当向企业领导人提出书面意见，要求处理。企业领导人应当自接到书面意见之日起10日内作出书面决定，并对决定承担责任。

- 会计机构、会计人员对违法的收支，不予制止和纠正，又不向企业领导人提出书面意见的，也应当承担责任。

- 对严重违法，损害国家和社会公众利益的收支，会计机构、会计人员应当向主管企业或者财政、审计、税务机关报告，接到报告的机关应当负责处理。

- 根据企业日常现金流量数据，制订出相应的财务计划，控制好现金的进出额度，并做到每一笔钱用到何处都心中有数。

- 对于企业的货币资产必须加强管理，制订相应的现金使用制度，使其使用规范化。

- 做好现金保管工作，避免因自己的疏忽造成企业不必要的经济损失。

【例1-2】某国际股份有限公司出纳人员在审核采购人员报销的发票时,发现这是一张假发票,考虑到采购人员是领导亲戚,出纳人员未做任何处理,给采购人员按正常程序报销。

上述案例中,出纳的做法是否正确?具体说明原因。

解答:出纳的做法是错误的。根据"会计机构、会计人员对不真实、不合法的原始凭证,不予受理",所以,本例中出纳的做法是错误的,他有权拒绝采购人员用假发票报销。

【例1-3】某国际股份有限公司出纳在下班前对现金进行清查,发现账面余额与现金实际余额有出入,但是金额不大,出纳未予处理。

上述案例中,出纳的做法是否正确?具体说明原因。

解答:出纳的做法是错误的。根据"会计机构、会计人员发现账簿记录与实物、款项不符,应当按照有关规定进行处理;无权自行处理的,应当立即向本企业领导人报告,请求查明原因,作出处理"一条,出纳对于账实不符的情况应及时处理,查清原因,做到每日账目必须每日结清,不给企业留下后患。

1.3 出纳工作的特点

任何工作都有自身的特点和工作规律,出纳工作除具有一般性特点外,还具有其特殊性。主要特点如下:

- 方法专业。出纳根据其工作内容,每天要登记日记账、收付各种货币资金、报销等,在这个过程中,出纳不能按照自己的做事方法随心所欲,而必须遵循一定的原则,按照一定的规章制度,使用一些专业知识及方法。所以,出纳的工作具有一定的专业性。
- 做事细心。出纳最核心的工作就是负责企业货币资金的收付以及登记日记账。在点钞时,很容易多点或者少点钞票;记账时,金额的小数点可能记错或者账目余额算错;审核发票时,很可能将假发票误认为真发票,这些都会给出纳自己带来不必要的麻烦,同时给企业带来不必要的经济损失。所以,出纳在日常工作中必须细心,以避免企业发生经济利益的流失。

- 登记及时。企业每发生一笔货币资金的收入或者支付,出纳都应及时登记,避免因为时间长而忘记,从而引起账实不符;出纳办理工资发放、报销、核对往来款项等业务,同样需要及时,以保障企业以及员工各自的利益。在保证低出错率甚至零出错率的同时,保证高的工作效率。

- 紧跟政策。出纳的工作因为其专业性,许多工作方法及流程都是按照国家政策以及规章制度来做的,国家政策以及规章制度在改变中不断完善,出纳的工作也需要紧跟着国家的步伐走。比如银行结算程序改变、个税起征点改变、所得税税率改变等,都会引起出纳工作的改变。出纳人员如果不熟练掌握新的政策以及规章制度,很可能就会在工作的某个环节中违反国家的某项政策法规。

- 素质较高。出纳因其工作内容的特殊性,每天会接触大量的货币资金,面对的诱惑就很大。个人素质如果达不到一定水平,就很容易被面前的诱惑所引诱,走向犯罪的深渊,从而给自己、给企业都带来无可挽回的损失。

1.4 出纳人员工作的原则

出纳工作的基本原则主要指内部牵制原则,或者说钱账分管原则。《会计法》第三十七条规定："会计机构内部应当建立稽核制度。出纳人员不得兼管稽核、会计档案保管和收入、费用、债权债务账目的登记工作。"钱账分管原则是指凡是涉及款项和财物收付、结算及登记的任何一项工作，必须由两人或两人以上分工办理，以起到相互制约作用。例如，现金和银行存款的支付，应由会计主管人员或其授权的代理人审核、批准，出纳人员付款，记账人员记账；发放工资，应由工资核算人员编制工资单，出纳人员向银行提取现金和分发工资，记账人员记账。实行钱账分管，主要是为了加强会计人员相互制约、相互监督、相互核对，提高会计核算质量，防止工作误差和营私舞弊等行为。

出纳的主要工作任务是货币资金的收付，根据收付款凭证来登记现金日记账以及银行存款日记账。如果出纳在做好本职工作的同时，还兼管会计的工作，如其他各种账务的处理、会计档案的保管等，对于某些职业素养还未达到一定水平的出纳来说，就有了可乘之机，很可能利用职务之便，如将个人的发票入企业的账，将企业的钱纳入自己的口袋，以公谋私，损害企业的经济利益。

同样，会计如果兼管出纳的工作，也可能会出现上面以公谋私的情况。

所以，出于维护企业经济利益的目的，出纳和会计之间必须实行钱账分管制度，互相牵制、互相监督，这样企业的经济活动才能够有效运转，经济利益才不会流失。

【例1-4】某国际股份有限公司由于会计离职，出纳人员暂时担任公司记账人员，登记公司营业收入以及往来款项。

上述案例中，出纳的做法是否正确？具体说明原因。

解答：出纳的做法是错误的。根据"钱账分管原则"，出纳人员不得兼管稽核、会计档案保管和收入、费用、债权债务账目的登记工作。

1.5 出纳人员的基本素质

出纳在会计部门的日常工作中，有着举足轻重的地位。一名合格的出纳，能够积极推动整个会计部门的工作进程，进而提高整个公司的工作效率。

从事会计相关工作的人员，必须具备从事会计工作所需要的专业能力。作为专职出纳人员，不但要具备处理一般会计事项的财会专业基本知识，还要具备较高的处理出纳事项的出纳专业知识水平和较强的数字运算能力。因此，作为出纳人员，平时应不断提高自己的业务技能，从而提高工作效率。

出纳人员要有严谨细致的工作作风以及很强的责任心。因为经常和钱打交道，出纳人员稍微不注意，可能就会引起一些不必要的麻烦。为保证公司的经济利益，出纳应定期进行现金盘点，与银行对账，有问题应尽早查找出原因，并及时调整，做到账实相符。

新《会计法》实施以来，许多过去熟悉的知识现在变得陈旧了，过去习惯了的工作方法现在变得不适用了。所以出纳也要随时关注、学习、了解、掌握财经法规和制度，跟上节奏办公。

面对新形势的发展，出纳员要不断加强新业务的学习，用新的知识充实自己，提高自身的综合素质，提高驾驭办公自动化工具的能力，特别是在编制现金流量表和货币资金收支表方面，要能够熟练运用 Excel 电子表格，设置钩稽关系。这样可以从繁杂的手工计算中解脱出来，也能大大提高工作效率。

出纳是一项特殊的职业，因为每天接触的是实实在在的钞票，真可谓"万贯家财手中过"。没有良好的职业道德，很难顺利通过"金钱关"。与其他会计人员相比，出纳人员更应严格地遵守规定，做到廉洁自律；同时要增强自身的保安意识，把保护自身分管的公共财产物资的安全作为自己的首要任务来完成，避免企业财产的流失。

1.6 出纳与会计的关系

出纳与会计同属企业会计部门，出纳既是会计的助手，同时又和会计互相监督，以确保会计部门工作的效率及质量。

1.6.1 出纳与会计的联系

出纳和会计是密不可分的，他们是企业搞好财务会计工作都不可缺少的重要岗位。企业员工按照报销制度，每月到出纳处提交报销的原始凭证，即各种发票；出纳审核发票无误，完成报销业务。每月月底出纳将各种发票归类整理好（也有一些企业的出纳还需要按照记账凭证粘贴的方法，将整理好的各种发票以及银行收费凭单、行政事业单位收费凭单等按规定粘贴好），交给企业会计，用以月底做账。所以说，出纳是会计的助手，为会计做好了前期准备工作，而凭证就是联系企业出纳和会计的最重要的纽带，凭证传递的过程如图1-1所示。

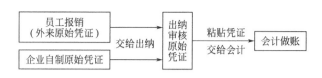

图1-1 凭证传递的过程

1.6.2 出纳与会计的区别

出纳和会计的区别主要体现在二者被赋予的职责不同。根据"钱账分管原则"，出纳主要负责货币资金的收付、现金的保管、原始凭证的审核等业务,同时,出纳只能登记现金日记账以及银行存款日记账,其他账目一律不得登记与保管;会计主要负责企业除现金日记账以及银行存款日记账以外的其他各种账目的登记、账务的处理等货币资金收付以外的大部分工作。

所以说,出纳与会计之间,既相互依存以促进整个会计部门工作的完成,同时又各自独立,达到监督的目的。

1.7 出纳工作的会计理论基础

出纳的日常工作中,主要的工作是企业现金的收付与现金日记账的登记等业务,这些业务都具有一定的专业性。所以,了解会计理论基础知识,就可以使出纳的工作达到事半功倍的效果。

1.7.1 会计概述

企业在生产活动中,为了获得经济利益,即劳动成果,必然要耗损一些人力、物力以及财力,即劳动成本。只有对劳动成果以及劳动成本进行记录、计算,并加以分析,企业才能有效地组织生产活动。而会计就是为了满足企业这样的需求而产生的一种活动。所以,会计是以货币为主要计量单位,对象是特定企业的经济管理活动。

会计又根据其特性主要分为财务会计以及管理会计,出纳主要参与的是财务会计这部分,主要为企业相关人员提供有关企业的财务状况、经营成果以及现金流量情况等信息。

1.7.2 会计的基本职能

根据《中华人民共和国会计法》,会计的基本职能包括核算以及监督。

会计核算，是会计根据企业提供的各种原始凭证，按照一定的顺序，进行记账、算账以及报账的工作，具体来讲就是企业财物的收发和使用，债权、债务的发生以及核算，货币资金的收付，企业成本、费用以及收入的计算，财务成果的计算等。

会计监督，是会计人员或者其他相关监督机构，通过对企业各种会计资料，包括原始凭证、会计账簿、会计报表等的审查，监督企业经济活动的真实性、合理性、合法性。会计监督以会计核算为前提并贯穿始终。

1.7.3 会计核算要素及其内容

对会计对象进行的基本分类即为会计要素，而对会计要素的具体内容进行的分类核算即为会计科目。我国《企业会计准则》将会计要素界定为 6 个，即资产、负债、所有者权益、收入、费用和利润。

资产、负债和所有者权益三项会计要素主要反映企业的财务状况；收入、费用、利润三项会计要素则主要反映企业的经营成果。

$$资产＝负债＋所有者权益$$

资产等于权益（包括负债和所有者权益）这一等式反映了企业在特定时点的财务状况，是复式记账的理论基础，是编制资产负债表的依据。资产和权益（包括所有者权益和债权人权益）实际上是企业所拥有的经济资源在同一时点上所表现的不同形式。

【例 1-5】某国际股份有限公司从银行取现金 50000 元整。

此项业务引起等式左边资产要素内部的"库存现金"增加 50000 元整，"银行存款"减少 50000 元整。资产内部项目此增彼减，增减金额相同，变动后的资产总额不变，等式关系不变。

【例 1-6】某国际股份有限公司向银行借款 100 万元。

此项业务引起等式左边资产要素"银行存款"增加了100万元，等式右边负债要素"短期借款"也增加了100万元。等式两边的资产和负债同时增加相同金额，等式关系不变。

【例1-7】某国际股份有限公司从银行取得一笔100000元的短期借款，用这笔钱还了前欠甲公司的100000元整。

此项业务引起等式右边负债要素内部的一项"短期借款"增加100000元整，另一项"短期借款"减少100000元整。负债内部项目此增彼减，增减金额相同，变动后的负债总额不变，等式关系不变。

【例1-8】某国际股份有限公司股东投入资本金100万元，款项已存入银行。

此项业务引起等式左边资产要素"银行存款"增加了100万元，等式右边所有者权益要素"实收资本"也增加了100万元。等式两边的资产和所有者权益同时增加相同金额，等式关系不变。

【例1-9】某国际股份有限公司债权人将10万元的债权转化为对企业的投资。

此项业务引起等式右边的负债要素中"应付账款"减少了10万元，所有者权益要素中"实收资本"增加了10万元。等式右边负债减少的金额和所有者权益增加的金额相同，等式关系不变。

【例1-10】某国际股份有限公司以资本公积300000元转增实收资本。

此项业务引起等式右边所有者权益要素内部的"实收资本"增加300000元整，"资本公积"减少300000元整。所有者权益内部项目此增彼减，增减金额相同，变动后的所有者权益总额不变，等式关系不变。

在实际工作中，企业每天发生的经济业务很多，但无论其会计要素如何变动，会计恒等式都处于平衡的状态。

利润＝收入－费用

该等式反映了企业一定期间的经营成果，是编制利润表的基础。但从广义而言，收入、费用与利润的口径不一致，所以收入减去费用并经过调整后才等于利润。

【例1-11】 某国际股份有限公司2018年度主营业务收入为700万元，2018年度共支付员工工资137万元，全年度产生的各种其他费用总计120万元，各种税金及附加共计41万元。

计算其利润额为：700－137－120－41＝402万元。

资产、负债以及所有者权益构成资产负债表的基本框架，收入、费用以及利润构成利润表的基本框架，因此这六项会计要素又称为财务报表要素。出纳作为会计部门的工作人员，平时也经常接触财务报表，所以必须要能看懂这两个等式并了解其含义，这样才能有利于平时的财务工作。

1.7.4 会计科目

会计要素是对会计对象的基本分类，但在企业内部以及外部人员需要了解企业相关情况时，会计要素仍不能清楚地提供准确的会计信息。为了能明确企业经济活动的详细情况，必须对会计要素进行进一步分类，即为会计科目。

- 会计科目是对会计要素的具体内容进行分类核算的项目。
- 会计科目按其所提供信息的详细程度及其统驭关系不同，分为总分类科目和明细分类科目。
- 会计科目按其所反映的经济内容不同，分为资产类、负债类、所有者权益类、成本类、损益类等科目。

会计科目是反映会计要素的构成及其变化情况，为投资者、债权人、企业管理者等提供会计信息的重要手段，在其设置过程中应遵循科学、合理、实用的原则。常用会计科目参照表如表1-1所示。

表 1-1　常用会计科目参照表

顺序号	名　　称	顺序号	名　　称
	一、资产类		应付账款
	库存现金		预收账款
	银行存款		应付职工薪酬
	其他货币资金		应交税费
	以公允价值计量且其变动计入当期损益的金融资产		应付利息
	应收票据		应付股利
	应收账款		其他应付款
	预付账款		代理业务负债
	应收股利		预计负债
	应收利息		递延收益
	其他应收款		长期借款
	坏账准备		应付债券
	代理业务资产		长期应付款
	材料采购		未确认融资费用
	在途物资		专项应付款
	原材料		递延所得税负债
	材料成本差异		三、共同类
	库存商品		衍生工具
	发出商品		套期工具
	商品进销差价		被套期项目
	委托加工物资		四、所有者权益类
	周转材料		实收资本
	存货跌价准备		资本公积
	持有至到期投资		盈余公积
	持有至到期投资减值准备		本年利润
	可供出售金融资产		利润分配
	长期股权投资		库存股
	长期股权投资减值准备		五、成本类
	投资性房地产		生产成本
	长期应收款		制造费用
	未实现融资收益		劳务成本
	固定资产		研发支出
	累计折旧		六、损益类
	固定资产减值准备		主营业务收入
	在建工程		其他业务收入
	工程物资		公允价值变动损益
	固定资产清理		投资收益
	无形资产		营业外收入
	累计摊销		主营业务成本
	无形资产减值准备		其他业务成本
	商誉		税金及附加
	长期待摊费用		销售费用
	递延所得税资产		管理费用
	待处理财产损溢		财务费用
	二、负债类		资产减值损失
	短期借款		营业外支出
	以公允价值计量且其变动计入当期损益的金融负债		所得税费用
	应付票据		以前年度损益调整

1.7.5 会计账户

会计科目虽然可以清楚地反映企业经济活动的详细情况，但在会计核算中，由于会计科目不具备格式和结构，无法进行具体的会计核算，所以，在此要将会计科目进一步分类，即以会计账户的形式来反映企业各会计要素的增减变动情况。

账户按其提供信息的详尽程度不同，可以分为总分类账户和明细分类账户；而按照其反映的经济内容不同，可分为资产类账户、负债类账户、所有者权益类账户、成本（费用）类账户以及损益类账户。

（1）账户的基本结构

账户分为左右两部分，左方记账符号为"借"，右方记账符号为"贷"，一方记增加，另一方记减少。

期初和期末余额的关系如下：

期末余额＝期初余额＋本期增加发生额－本期减少发生额

"期初余额"即本月月初该账户的金额，"本期增加发生额"即本月该账户记增加的一方所有发生额累计数，"本期减少发生额"即本月该账户记减少的一方所有发生额累计数。

【例1-12】某国际股份有限公司2018年12月份现金账户的月初余额是500元，12月份现金收入共5000元，12月份现金支出共4500元。某国际股份有限公司2018年12月份现金账户结构如图1-2所示。

借方	库存现金账户	贷方
期初余额 500		
		4500(本期减少发生额)
5000(本期增加发生额)		
期末余额 1000		

图1-2 现金账户结构

(2) 借贷记账法下的账户结构

会计核算中,由于各会计核算资料所属的账户性质不尽相同,在记账过程中,不同的账户增加或者减少时,记账的方向也不同,即一笔经济业务发生时,在记账过程中记"借方"还是记"贷方",首先要看这笔经济业务涉及哪个账户;其次,在此账户下,金额增加或者减少是记"借方"还是"贷方"。针对不同的账户,其记账时的账户结构如表1-2所示。

表1-2 借贷记账法账户结构

账 户	借 方	贷 方
资产类	增加	减少
权益类	减少	增加
成本类	增加	结转
损失类	增加	结转
收益类	结转	增加

具体到出纳这个岗位,主要接触的是资产类账户中的库存现金账户以及银行存款账户。在记账环节中,库存现金以及银行存款的增加记借方,反之则记贷方。

【例1-13】某国际股份有限公司采购人员购买办公用品支出现金500元。现金减少,会计分录如下:

借:管理费用　　　　　　　　　500

贷:库存现金　　　　　　　　　500

【例1-14】某国际股份有限公司出纳预借给员工张三差旅费2000元。现金减少,会计分录如下:

借:其他应收款—张三　　　　　2000

贷:库存现金　　　　　　　　　2000

【例1-15】某国际股份有限公司出纳向银行送存现金6000元。现金减少,会计分录如下:

借:银行存款　　　　　　　　　6000

贷：库存现金　　　　　　　　　6000

【例1-16】某国际股份有限公司卖废旧电脑收到600元。现金增加，会计分录如下：

借：库存现金　　　　　　　　　600

贷：其他业务收入　　　　　　　600

【例1-17】某国际股份有限公司出纳提取现金49000元。现金增加，会计分录如下：

借：库存现金　　　　　　　　　49000

贷：银行存款　　　　　　　　　49000

【例1-18】某国际股份有限公司收到货款100000元，已存入银行。银行存款增加，会计分录如下：

借：银行存款　　　　　　　　　100000

贷：主营业务收入　　　　　　　100000

【例1-19】某国际股份有限公司从银行取得一笔260000元的短期借款。银行存款增加，会计分录如下：

借：银行存款　　　　　　　　　260000

贷：短期借款　　　　　　　　　260000

【例1-20】某国际股份有限公司购买原材料120000元，材料已入库，款项已打入对方银行账户。银行存款减少，会计分录如下：

借：原材料　　　　　　　　　　120000

贷：银行存款　　　　　　　　　120000

账户的内容具体包括：账户名称、记录经济业务的日期、所依据记账凭证编号、经济业务摘要、增减金额、记账方向、余额等。

【例1-21】2018年12月21日，某国际股份有限公司出纳提取现金40000元，登记库存现金账户，现金余额为46700元，如图1-3所示。

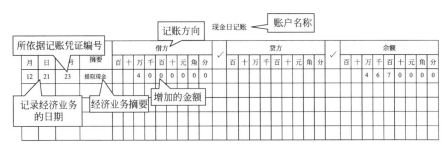

图 1-3　账户的具体内容

1.8　出纳人员的日常工作内容

不同的企业，出纳的工作内容不尽相同，但出纳人员的主要工作内容大致相同。其中主要包括货币资金的核算、往来款项结算、工资核算等。

1.8.1　货币资金的核算

出纳每天的主要工作就是和货币资金打交道，货币资金的进出都由出纳来办理、记录，具体内容大致如下：

- 根据主管领导已审核过的相关收付款凭证（如借款单、报销单等），认真复核其无误后，办理收付款业务，并保留好相关单据，以备日后检查。
- 认真登记现金日记账，做到日清月结。根据每笔已经办理过的现金收付业务，据实登记现金日记账。每天下班前结出当天余额，查看账实是否相符。每月月底查看现金日记账以及银行对账单，查看二者是否相符，对于不符之处，必须查找原因，然后编制银行存款余额调节表，使企业现金日记账和银行对账单相符。
- 及时去银行办理入账手续，避免入账支票过期作废。保存好汇款单、进账单、支票存根联等相关单据，月底作为原始凭证据实做账。

- 保管好企业库存现金，每天下班前检查数目与现金日记账是否相符，并保管好保险箱钥匙。
- 对于超出企业库存现金额度的现金以及现金收入，必须及时送存银行。由于客观原因，实在无法及时送存的现金，应与银行做好沟通，确定好送存时间并送存。

1.8.2　往来款项结算

企业在经营过程中，实际上很多款项并不能做到当时结算，由于有前后时间差异，出纳对往来款项的核对显得尤为重要。其主要内容如下：

- 对于企业员工预借的差旅费，要督促其及时办理报销手续，不得私自挪用。对于出差的费用，实行多退少补的原则。
- 定期与外部业务往来单位核对往来款项。对于企业应付账款，应与对方做好沟通，按时清偿；对于企业应收账款，应督促其及时偿还，避免出现坏账，给企业带来经济损失。

1.8.3　工资核算

企业无论大小，在发放工资时，均由企业的出纳来操作。为了避免错误的发生，出纳在发放工资时，必须对所发放的工资数据进行核算。

- 根据人力资源部出具的相关单据（如基本工资、考勤表、五险一金单据等），核算企业员工工资，并据此编制员工工资表，作为原始凭证月底汇总入账。
- 根据员工工资表，按时为员工发放工资，不得私自挪用、扣发。

1.8.4 出纳人员的其他工作内容

身为出纳人员,除了以上所有出纳必须完成的任务外,部分出纳人员还会监管以下事务:

- 每个月月底要整理公司当月的所有发票,将审核无误的发票归类整理并粘贴,交由会计进行下一步工作。
- 每月完成会计抄报税过程中的相关外勤工作。
- 支票用完时,出纳要去公司开户行购买。购买转账支票时,需要带公司支票领用本、财务章、人名章、购买人身份证;购买现金支票时,除了以上资料,还需要带公司开户许可证。
- 负责开具发票,发票使用完时,及时到税务局购买新发票,以保证企业的生产销售服务活动能够正常进行。
- 保管好企业有关财务的相关资料,如财务章、人名章、作废的支票、空白支票、现金日记账本及银行存款日记账本等。

第2章 出纳基本功修炼

"台上一分钟,台下十年功",这对出纳工作来说是十分适用的。出纳工作需要很强的操作技巧。用电脑、填票据、点钞票等,都需要深厚的基本功。作为专职出纳人员,不但要具备处理一般会计事务的财会专业基本知识,还要具备较高的处理出纳事务的出纳专业知识水平和较强的数字运算能力。出纳的数字运算往往在结算过程中进行,要按计算结果当场开出票据或收付现金,速度要快,又不能出错。账目记错了可以按规定方法更改,但钱算错了就很叫人头疼了。所以说出纳人员在处理日常事务的过程中,无论是记账、计算还是点钞,都必须做到既快又准。

2.1 文字和数字书写规则

出纳在日常工作中要经常填写支票、汇票等相关票据，在填写的过程中必须按照规定来书写。账、证、表的文字以及数字书写是出纳必须具备的基本功。一张书写工整、填写齐全、摘要精练的票据也能从侧面表现出一个出纳员的工作能力。

2.1.1 文字书写规则

出纳在日常工作中，经常要书写文字，如本企业单位名称、收款单位等，书写时必须按照一定的规则来写，否则会给工作带来一定麻烦。

- 要用蓝黑墨水或碳素墨水书写，不得用铅笔、圆珠笔（用复写纸复写除外）。红色墨水只在特殊情况下使用。填写支票必须使用碳素笔书写。
- 文字一般要紧靠左竖线书写，文字与左竖线之间不得留有空白部分。
- 文字不能顶格写，一般要占空格的 1/2 或 2/3。
- 文字要清晰，要用正楷或行书书写。

2.1.2 数字书写规则

数字是出纳在工作中最常使用的一种工具，正确书写数字是对出纳的最基本的要求，数字书写的要求如下。

(1) 阿拉伯数字书写要求

数字应当写清楚，不能连笔写；有外框限制的数字，如支票中的小写数字，必须按要求写在框内；小写金额前面必须填写币种符号，币种符号与小写金额之间不得留有空白。例如，人民币贰佰元整，小写则写成￥200。其中,"￥"与"200"之间不得留有空白;金额数字一律写到角、分,无角、分的,写"00"或者符号"—";有角无分的,分位写"0",不得以"—"代替。

(2) 大写数字书写要求

大写数字标准写法为:零、壹、贰、叁、肆、伍、陆、柒、捌、玖、拾、佰、仟、万、亿、元、角、分、整(正)。

和小写数字一样,大写数字也必须写工整,尽量用正楷字体书写。大写金额前未印"人民币"字样的,应加填"人民币"三个字,"人民币"字样与金额之间不得留有空白。大写金额数字到元或角为止的,在"元"或"角"之后应当写"整"或"正";大写金额有分的,"分"字之后不再写"整"或"正"。阿拉伯数字中间有"0"时,汉字大写要写"零"字;阿拉伯数字中间连续有几个"0"时,汉字大写金额只写一个"零"字。例如,小写金额为￥10080.00,大写金额应写成"壹万零捌拾元整"。

【例2-1】某国际股份有限公司出纳人员取现时,支票正联中的小写金额为"￥50000",大写金额为"五万元"。

上述案例中,出纳的做法是否正确?具体说明原因。

解答:出纳的做法是错误的。数字书写规则中规定"大写金额数字到元或角为止的,在'元'或'角'之后应当写'整'或'正'",正确写法应为"伍万元整"。

2.2 计算器的使用方法

随着科技的进步,手工计算已经渐行渐远,出纳人员在平时工作中用得最多的运算工具是计算器,它省时省力,大大提高了工作效率。下面就介绍计算器的一些基本运用。

计算器包括标准型和科学型两种，根据出纳平时的工作内容，使用标准型计算器就可以满足需求，下面介绍一下出纳在使用计算器时主要用到的几个按键的使用方法。

- ON：开启计算器。
- OFF：关闭计算器。
- AC：清除所有寄存器中的数值并使计算器屏幕显示值为"0"。
- GT：按下GT键，以前操作中每次按"＝"之后显示的数值将会被自动累加；再按GT键，则前面存储器中的记忆将会被消除。
- MRC：第一次按下此键将调用存储器内容，第二次按下将清除存储器内容，但是计算器屏幕显示值为原存储器中的内容。
- M－：从存储器内容中减去当前显示值。
- M＋：按M＋键会将当前显示的数与存储区中的数相加，结果存入存储器。
- MU：利率和税率计算。

【例 2-2】(2＋6)*5－5＝35

解答：在计算器上操作顺序为按"ON""2""＋""6""＝""*""5""＝""－""5""＝"；计算器屏幕最后显示值为"35"，操作完成。

也可以省掉前面步骤中的"＝"，只保留最后一个"＝"的操作，即按"ON""2""＋""6""*""5""－""5""＝"，计算器屏幕最后显示"35"，操作完成。

【例 2-3】(5*7)＋(6/2)＋(12－5)＝45

解答：在计算器上操作顺序为按"ON""5""*""7""＝""6""/""2""＝""12""－""5""＝""GT"，计算器屏幕最后显示值为"45"，操作完成。

也可以按"ON""5""*""7""＝""M+""6""/""2""＝""M+""12""－""5""＝""M+""MRC",计算器屏幕最后显示值为"45",操作完成。

【例 2-4】某国际股份有限公司去年总收入为 520 万元,今年总收入为 720 万元,计算年增长率。

解答:在计算器上操作顺序为按"ON""720""－""520""MU",结果约为"38.46",说明年增长率为 38.46%。

【例 2-5】某国际股份有限公司今年总收入为 720 万元,年增长率为 38.46%,预计明年总收入为多少。

解答:在计算器上操作顺序为按"ON""720""*""38.46""MU",结果约为"996.91",说明按照该增长率预计明年公司总收入会达到 996.91 万元。

【例 2-6】某国际股份有限公司一车间生产的产品,其产品成本为 30000 元,产品的利润率为 30%,则该批产品预计总收入为多少?

解答:在计算器上操作顺序为按"ON""30000""/""30""MU",结果约为"42857.14",说明该批产品在此成本以及利润率的基础上,其预计总收入约为 42857.14 元。

2.3 人民币管理

出纳在每天的工作中几乎都要接触现金,碰到假钞的机会也就比较多。如何在一捆钞票中用最快的速度准确地挑出假币,以及如何处理这些假币,都是出纳应该掌握并且达到熟能生巧的业务技能。

2.3.1 如何识别人民币真假

目前假钞在市场上早已屡见不鲜,出纳作为公司中最常直接接触现金的人，必须练就一双火眼金睛，同时还要掌握一些辨别假钞的技巧。针对目前市场上流通的第五版人民币中的100元，下面介绍几种常见的辨别真假的方法。

- 在钞票正面左侧空白处，对准光源看纸币，可见与右侧人物头像相同、立体感很强的毛泽东像水印；钞票中间的安全线，迎光观察，可见"RMB100"微小文字；正面右上方有一椭圆形图案，面对光源将纸币旋转45°或90°，即可看到"100"字样；正面上方椭圆形图案中，多处印有胶印缩微文字，在放大镜下可看到"RMB"和"RMB100"字样；正面左下方"100"字样，与票面垂直角度观察为绿色，倾斜一定角度则变为蓝色；票面正面左下方和背面右下方均有圆形局部图案，迎光观察，正背图案重合并组合成一个完整的古钱币图案；正面"中国人民银行"正下方，用验钞机可看见荧光色的"100"的数字字样。
- 真钞的正面毛泽东头像、中国人民银行行名、盲文及背面主景人民大会堂等均采用雕刻凹版印刷，用手指触摸有明显凹凸感。
- 抖动或者用手指轻弹、对拉真钞时，声音很清脆，且不易撕裂或者折断。
- 真纸币长期对折，纸币折痕处依然平整，无正常纸张对折时出现的裂痕，且折痕处不会出现毛边。

2.3.2 残币的处理方法

依据中国人民银行颁布的《残缺人民币兑换办法》的规定，凡残缺人民币属于下列情况之一者，可持币向银行营业部门全额兑换。

- 票面残缺部分不超过1/5，其余部分的图案、文字能照原样连接者。

- 票面污损、熏焦、水湿、油浸、变色，但能辨别真假，票面完整或残缺不超过1/5，票面其余部分的图案、文字能照原样连接者。

票面残缺1/5～1/2，其余部分的图案、文字能照原样连接者，应持币向银行营业部门按原面额的半数兑换，但不得流通使用。

凡残缺人民币属于下列情况之一者，不予兑换：票面残缺1/2以上者；票面污损、熏焦、水湿、变色不能辨别真假者；故意挖补、涂改、剪贴、拼凑、揭去一面者。

不予兑换的残缺人民币由中国人民银行收回销毁，不得流通使用。

2.4 点钞技术

出纳在公司中主要负责现金收付工作，在经济业务复杂，进出现金比较多的情况下，能够快速而准确地清点钞票对出纳人员来说显得尤为重要。点钞作为出纳的一项基本技能，在平时就应该多加练习，避免忙中出错，造成一些不必要的经济损失。

2.4.1 点钞的基本程序

掌握正确的点钞程序，让出纳的工作变得有条理性，能大大提高出纳的工作效率，还能降低点钞过程中错误出现的概率。点钞程序基本如下：

- 点钞前，桌面要保持整洁，避免乱中出错。硬币和纸币分开，各币种再按不同的面值分类。
- 对于整捆的钞票，拆开时，原封条暂时不扔，以备钞票与原

- 来点算不一致时使用。等点完一捆钞票确认无误后,再扔掉原来的封条。
- 点钞时,要按照一定顺序来点,不能漫无目的,毫无章法。可先点纸币,再点硬币;先点大票面,再点小票面。反之亦然。
- 点钞量大时,每点完一捆钞票,要在旁边做好登记工作,避免出现重点、漏点的情况。
- 点钞完毕之后,按照票面大小,分别将钞票整齐捆扎好,码放整齐,或送存银行,或存放于保险箱内妥善保管。

2.4.2 点钞的基本方法

点钞的方法主要有手工点钞和机器点钞两种。一般企业使用的主要还是手工点钞方法。

- 手工清点纸币:左手持钞票,左手小指和无名指持纸币下段,以固定纸币,中指和食指在纸币另一面按住中段,大拇指从上向下轻捻钞票,同时用右手大拇指快速数捻下的钞票,默记下来。每捆钞票数两次以上,确认无误后方可捆扎。
- 手工清点硬币:清点硬币前,应先将不同面值的硬币分类摊开。清点硬币时,将硬币按照一定的整数垛好,分开。如10枚壹分为一垛,5枚贰分为一垛,10枚伍分为一垛,这样方便后面计算硬币总数。每垛硬币用透明胶带固定好,方便送存银行或者保存。

2.5 保险柜的管理

为保护国家及企业财产的安全和完整,各企业一般均配备专用保险柜,专门用于库存现金、各种有价证券、银行票据、印章及其他出纳票据的保管。企业应加强对保险柜的使用管理，制定保险柜使用办法，要求有关人员严格执行。

2.5.1 保险柜的管理权限

保险柜一般由财务部授权，由出纳员负责管理使用。按照规定，企业可留存一定金额的库存现金于企业保险柜中，方便出纳办理货币资金的收付业务。对于额度内可使用的现金，出于安全考虑，出纳绝对不能将其直接放在办公室抽屉中过夜，而应该存放在保险柜中，在需要时再开启保险柜取出。

保险柜的钥匙一般由财务部主管人员以及出纳各持一把，出纳的钥匙主要在日常办理业务开启保险柜时使用；财务主管人员持有的钥匙，主要是以备不时之需，紧急情况下，财务主管人员经过相关领导的批准，方可打开保险柜。

同时，财务主管人员以及出纳不能将钥匙交由他人保管，避免因保险柜内现金丢失引起的经济责任纠纷。

2.5.2 保险柜钥匙的配备

保险柜要配备两把钥匙，一把由出纳员保管，供出纳员日常工作开启使用；另一把交由财务部长（非会计或出纳员）或企业财务主管领导负责保管，以备特殊情况下经批准后开启。出纳员不能将保险柜钥匙交由他人代为保管。

2.5.3 保险柜的开启

保险柜只能由出纳员开启使用，非出纳员不得开启保险柜。如果财务部长或企业财务主管领导需要对出纳员工作进行检查，如检查库存现金限额、核对实际库存现金数额，或有其他特殊情况需要开启保险柜，经企业领导批准后，在两人以上在场的情况下，由财务部长或企业财务主管领导开启，在一般情况下不得任意开启由出纳员掌管使用的保险柜。

2.5.4　财物的保管

出纳对于自己所保管的所有财物，如核定范围内可留存的现金、还未使用的空白支票、空白票据、财务章、人名章等应小心保管。每天下班时，应对以上财物进行清点，数目核对正确后，将其存放在保险柜内，不得放在抽屉里过夜，以免丢失，给企业带来不必要的经济损失。保险柜内只允许放企业的相关财物，不允许存放个人物品。

【例2-7】某国际股份有限公司出纳下班时，因不想携带太多现金，就把自己的工资3000元钱暂时放在公司保险柜内，方便第二天上班时取用。

上述案例中，出纳的做法是否正确？具体说明原因。

解答：出纳的做法是错误的。根据相关规定，保险柜内只可以存放公司内的财物，如公司核定范围内的现金、空白支票、票据等，不允许存放个人财物。所以，出纳将自己的工资放在保险柜内的做法是错误的。

2.5.5　保险柜的维护

保险柜使用时必须按照其使用说明书来操作，以免因为操作失误而引起保险柜打不开或者发生其他状况。保险柜应放在通风较好的地方，防止因潮湿引起柜内财物发生霉变。出纳平时应定期擦拭保险柜，保持其内外部的清洁卫生；每天下班前清点保险柜内的财物后，保证其摆放整齐有序，方便平时取用。

2.6 出纳报告的编制

出纳每月记账后，应根据自己所记的现金日记账、银行存款日记账以及银行对账单等相关资料，定期编制出纳报告单，为企业内外相关人员提供企业现金、银行存款的同时，达到和总账对账的目的。

2.6.1 出纳报告单的编制

不同的企业对财务报告所体现的时期要求不同，所以出纳应该与本企业会计协商好，根据会计出账的时间来确定出纳出报告单的时间，步调保持一致。

在出纳报告单中，主要涉及上期结存数、本期收入、合计、本期支出、本期结存等项目。

- 上期结存数是指此次报告期的前一期期末结存数，即本次报告期前一天的账面结存金额，同时也是上一期报告单的"本期结存"数，它起到承上启下的作用，保持报告单之间的连续性。
- 本期收入。由于库存现金以及银行存款均为资产类账户，资产增加记借方，所以本期收入是指本期日记账上借方合计的数。
- 合计是指上期结存数与本期收入的合计数。
- 本期支出。由于库存现金以及银行存款均为资产类账户，资产减少记贷方，所以本期支出是指本期日记账上贷方合计的数。
- 本期结存是指本期期末账面余额。它等于"合计"数减去"本期支出"数。本期结存必须与账面实际结存数一致。

出纳报告单如表 2-1 所示。

表 2-1　出纳报告单

企业：　　　　日期自　　年　　月　　日至　　年　　月　　日止　　编号：

项　目	库存现金										银行存款										备　注
	千	百	十	万	千	百	十	元	角	分	千	百	十	万	千	百	十	元	角	分	
上期结存数																					
本期收入																					
合计																					
本期支出																					
本期结存																					

财务主管　　　　记账　　　　出纳　　　　复核　　　　制单

2.6.2　银行存款余额调节表的编制

每个月出纳都要将企业银行存款日记账同本企业开户银行的对账单逐笔核对，达到账账核实的目的。银行账上的存款余额（也就是银行出具的对账单上的存款余额）同本企业账上的存款余额可能一致，也可能不一致，造成不一致的原因主要有两种。

- 银行或者企业记账时，记账金额错误或者漏记某项经济业务，导致双方账上的存款余额不一致。此时，双方应积极排查错误之处，属于记账过程中出现错误的应及时按规定方法更正账目；漏记的经济业务应及时补记。

- 银行或者企业记账未发生错误，但由于票据或者收费凭证等其他结算凭证未及时到达银行或者企业中的某一方，使这一方由于无凭证而出现未登记的经济业务，而另一方根据结算凭证已及时记账，此时就会出现记账的不平衡，双方账上的存款余额不一致。针对这种情况，主要解决办法就是"调账"，即编制"银行存款余额调节表"。其公式如下：

$$\text{银行存款余额} = \begin{matrix}\text{企业银行存款}\\\text{日记账余额}\end{matrix} + \begin{matrix}\text{银行已收入账，企}\\\text{业尚未入账的账款}\end{matrix} - \begin{matrix}\text{银行已付入账，企}\\\text{业尚未入账的账款}\end{matrix}$$

$$= \begin{matrix}\text{银行对账}\\\text{单余额}\end{matrix} + \begin{matrix}\text{企业已收入账，银}\\\text{行尚未入账的账款}\end{matrix} - \begin{matrix}\text{企业已付入账，银}\\\text{行尚未入账的账款}\end{matrix}$$

【例 2-8】某国际股份有限公司 2018 年 12 月 31 日核对银行存款日记账。12 月 31 日,银行存款日记账余额为 285600 元,同日银行开出的对账单余额为 236700 元,经银行存款日记账与银行对账单逐笔核对,发现两者的不符由下列原因造成:

① 公司于 11 月 5 日开出支票购买办公用品 4000 元,公司根据支票存根和有关发票等原始凭证已记账,但收款人尚未到银行办理转账。

② 公司 11 月 20 日收到销售原材料收入 75300 元的支票一张,公司根据支票已记账,但尚未到银行入账。

③ 12 月 4 日,公司的开户银行代公司收进一笔托收的货款 27400 元,银行已记账,但尚未通知公司。

④ 12 月 6 日,开户银行代公司支付当月的水电费 5000 元,银行已记账,但付款通知单尚未送达公司,因而公司未记账。

根据调节前的余额和查出的未达账项等内容,编制 12 月 31 日的银行存款余额调节表,如表 2-2 所示。

表 2-2　银行存款余额调节表

2018 年 12 月 31 日　　　　　　　　　　　　　单位:元

项　目	余　额	项　目	余　额
银行对账单余额	236700	公司银行存款日记账余额	285600
加:公司收款、银行未收款的购货支票	75300	加:银行收款、公司未收款的未达账项	27400
减:公司付款、银行未付款的办公用品费	4000	减:银行付款、公司未付款的水电费	5000
调节后的余额	308000	调节后的余额	308000

2.7　发票的管理

发票是企业进行劳务、服务、销售等生产或非生产性经营活动,发生收付款业务时,开具的纸质证明,以表明款项已收付,同时也是税务对企业是否正常生产经营的一种监督方式。

2.7.1　发票样式说明

由于企业所交税种不同、所处行业不同等因素，为了方便管理，税务局按照企业性质制定所对应的发票，其分类主要有普通发票、增值税专用发票以及专用发票。

普通发票的主要使用者包括餐饮业、服务业、广告业等行业的企业，其发票样式如图2-1所示。

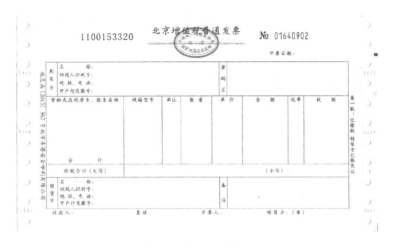

图2-1　普通发票样式

增值税专用发票的主要使用者包括一般人企业，其发票样式如

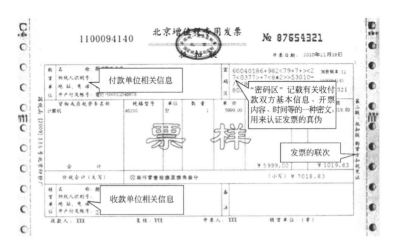

图2-2　增值税专用发票样式

图 2-2 所示。

专用发票的主要使用者包括铁路部门、公路系统、银行、医院以及行政事业性单位等。铁路部门发票样式如图 2-3 所示,公路系统发票样式如图 2-4 所示。

图 2-3 铁路部门发票样式

图 2-4 公路系统发票样式

银行发票样式如图 2-5 所示。

图 2-5 银行发票样式

医院发票样式如图 2-6 所示。

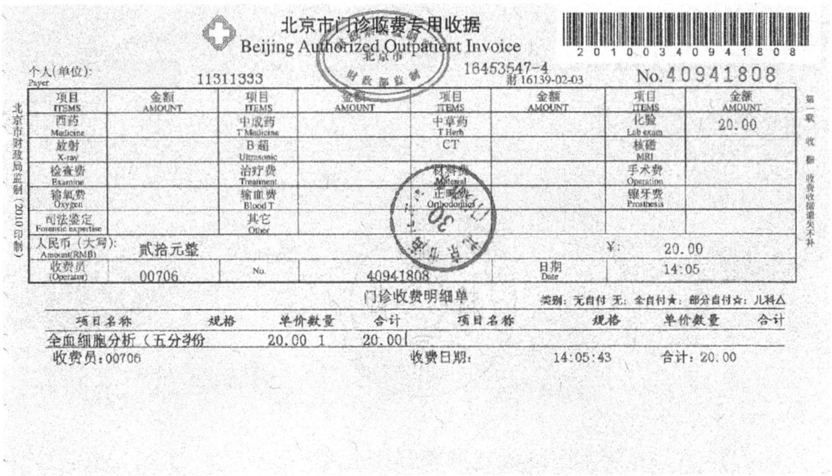

北京市门诊收费专用收据
Beijing Authorized Outpatient Invoice

2010034094 1808

个人(单位): Payer 11311333　16453547-4　财 16139-02-03　No.40941808

项目 ITEMS	金额 AMOUNT	项目 ITEMS	金额 AMOUNT	项目 ITEMS	金额 AMOUNT	项目 ITEMS	金额 AMOUNT
西药 Medicine		中成药 T Medicine		中草药 T Herb		化验 Lab exam	20.00
放射 X-ray		B 超 Ultrasonic		CT		核磁 MRI	
检查费 Examine		治疗费 Treatment		材料费 Material		手术费 Operation	
输氧费 Oxygen		输血费 Blood T		正畸费 Orthodontics		镶牙费 Prosthesis	
司法鉴定 Forensic expertise		其它 Other					
人民币（大写）: Amount(RMB)	贰拾元整					¥:	20.00
收费员 (Operator)	00706	No.	40941808		日期 Date	14:05	

北京市财政局监制（2010 印制）

第一联 收据 收费收据遗失不补

门诊收费明细单

类别: 无自付 无: 全自付★: 部分自付☆: 儿科△

项目名称	规格	单价数量	合计	项目名称	规格	单价数量	合计
全血细胞分析（五分类份		20.00 1	20.00				

收费员: 00706　收费日期: 14:05:43　合计: 20.00

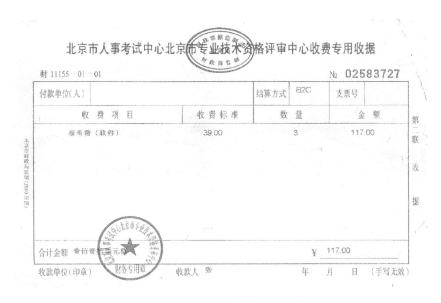

图 2-6　医院发票样式

行政事业性单位的发票，即收费专用收据，其样式如图 2-7 所示。

北京市人事考试中心北京市专业技术资格评审中心收费专用收据

财 11155－01－01　№ 02583727

付款单位(人)		结算方式	B2C	支票号	
收费项目	收费标准	数量	金额		
报考费（软件）	39.00	3	117.00		
合计金额　壹佰壹拾柒元整		¥ 117.00			

收款单位(印章)　财务专用章　收款人 张　年　月　日（手写无效）

北京市财政局监制（2010 印制）

第二联 收据

图 2-7　行政事业性单位专用收据样式

2.7.2　发票真伪的鉴别和检查

出纳在日常工作中要经常审核各种发票，除了看发票发生的事项是否合理以外，还要审核发票的真实性，即辨别发票的真伪。

（1）普通机打发票辨别真伪的主要方法

- 真发票左上角一般会有一个椭圆形的热敏反应区，将手指放在反应区背面，约3秒钟后，发票联正面的"税徽"图案颜色会变浅或呈无色。
- 登录地方税务局网站，在"税务查询"一栏中单击"发票查询"，输入发票联正面的"发票代码""发票号码"以及"密码"，查询发票真伪。
- 拨打地方税务局服务热线12366，根据语音提示直接查询发票真伪。
- 直接拿发票到地方税务局办事窗口查询发票真伪。

（2）增值税专用发票辨别真伪的主要方法

- 增值税专用发票的红色荧光防伪标记或微缩字母防伪标记，专用发票发票联、抵扣联"××增值税专用发票"字样下端的双实线由微缩字母组成。其中，上线为"××增值税专用发票"等汉字的汉语拼音声母缩写，下线为"国家税务总局监制"等汉字的汉语拼音声母缩写。发票监制章的内圆线由多组"国家税务总局监制"等汉字的汉语拼音声母缩写组成，即"GJSHWZJJZH"。通过高倍放大镜可以清晰地看到。
- 增值税专用发票号码采用异型号码字体印刷。

（3）通用手工发票的防伪特征

- 在发票背面用指甲划，划痕为紫红色线条。
- 与地税发票相同，手工发票左上角也有印有"税徽"图案的热敏反应区，其鉴别方法与地税发票鉴别方法相同。
- 将发票联的"发票号码"以及"发票代码"置于10倍以上放

大镜下观察，号码均由颗粒状图案组成。
- 将发票联的发票监制章置于10倍以上放大镜下观察，发票监制章内环细线中有"北京国税"字样。

符合上述规定的就是真票。

另外，根据国家税务机关的规定，2011年6月1日起，开具发票时均应加盖新版发票专用章，加盖财务专用章的发票为无效发票。

2.7.3 发票的购买

发票使用完时，一般由出纳带齐资料前往主管税务局购买新的发票（目前，很多地区税局已推行网上寄送发票业务，方便快捷），其流程大致如下（不同地区流程不同，以北京为例）。

(1) 首次购买发票流程

备齐以下资料：
- 公章、发票章印模原件一份备案。
- 税控盘或者金税盘（不同地区，税控器不一，以北京为例）。
- 购票人身份证原件。

提交的相关资料均需要原件及复印件，以备主管税务局相关人员审核。

(2) 认购税控装置

企业在审核被批准后，根据主管税务局对其核准并签字盖章后的《发票票种核定通知书》（通知书一般包括发票种类、领购数量、主管税局等）中的内容认购税控装置。企业将《税控领购表》交给税控服务商，服务商会凭此为纳税人提供税控装置产品、办理税控初始化、上门安装以及进行日后的维护保养。

领购发票时需要携带以下材料：

- 营业执照副本。
- 公章或发票章。
- 首次购票时需要携带主管税务机关审批、填写完整的《票种核定通知书》和购票人身份证原件。
- 税控盘或者金税盘。

(3) 再次购买发票应携带的资料

发票使用完时,为保证发票使用的连续性,应及时到主管税务局购买新发票,购买新发票时应携带以下资料:

- 营业执照副本。
- 公章或发票章。
- 税控盘。
- 购票人身份证原件。

去税务机关办理前,应先在本单位用税控盘抄报税。

2.7.4 发票的开具流程

由于普通发票与增值税专用发票填写内容不一样,发票样式一致,所以开票需要的信息也有所不同,下面分别介绍两种发票的具体开具流程。

(1) 普通发票开具流程

在开具发票前,应先将购买的新发票的电子票号分发至税控器内,分发发票的流程如图2-8所示。

分发发票之后,要进行发票录入。只有录入发票,税控器才能够正常打印发票,录入发票的流程如图2-9所示。

由于现在使用的税控软件升级更新后开票必须包含商品编码,正式开具发票前,在填写发票信息中的"项目"一栏时,应通过设置

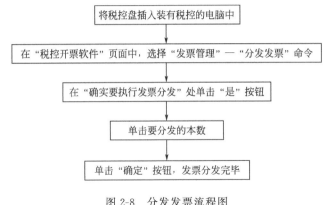

图 2-8　分发发票流程图

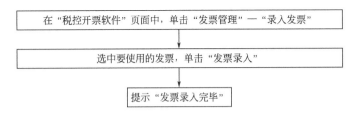

图 2-9　录入发票流程图

"添加商品编码"来实现，其设置流程如图 2-10 所示。

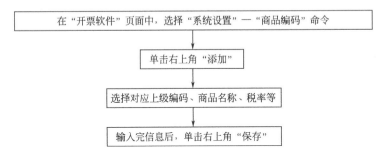

图 2-10　商品编码设置流程图

发票分发录入完毕之后，正式进入开票环节。发票应按照票号顺序依次开具，不能跳号、空号，发票开具的流程如图 2-11 所示。

(2) 增值税专用发票开具流程

与普通发票的开具流程相同，在开具发票前，应先将购买的新发票的电子票号分发录入至税控器内，增值税专用发票票号分发录入流程如图 2-12 所示。

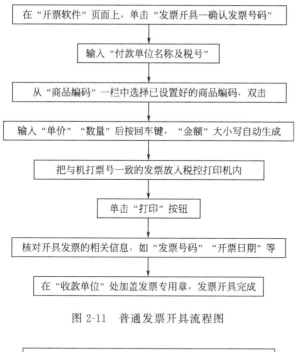

图 2-11 普通发票开具流程图

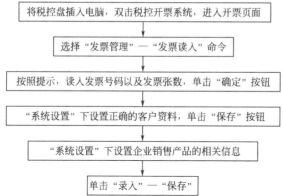

图 2-12 增值税专用发票票号分发录入流程图

同样在发票分发录入完毕之后，正式进入开票环节。发票应按照票号顺序依次开具，不能跳号、空号，发票开具的流程如图 2-13 所示。

注意：单位和个人在开具发票时，必须做到按号码顺序填开，填写项目齐全，内容真实，打印的字迹清楚，加盖的发票专用章也清晰可辨。

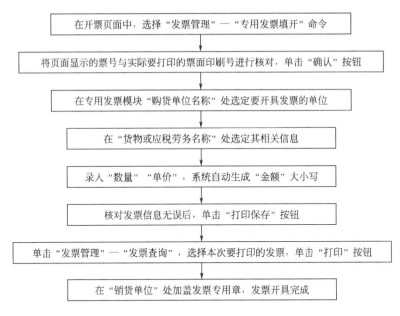

图 2-13 增值税专用发票开具流程图

2.7.5 退票、废票的处理

开具发票之后，有时会遇到退货的情况，或者发现已打印好的发票打印数据错误（项目、数量、金额等出现错误）以及电子票号与发票上印刷的号码不一致，此时，应将已开具好的发票作废处理。操作流程如图 2-14 所示。

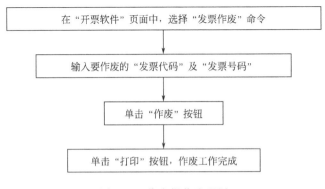

图 2-14 作废操作流程图

对于不能使用的空白发票，如票面有污渍、破损等，应作废票处理，并细心保管好该废票以备税务机构核查。

2.7.6 违反发票管理规定的法律责任

根据《税收征管法》及《中华人民共和国发票管理办法》的规定，企业应该对其购买以及使用的发票负责。

(1) 违反发票管理法规的具体行为

- 未按规定印制发票，如伪造、私刻发票监制章，伪造、变造发票防伪专用品；印制发票的企业未按《发票印制通知书》印制发票，转借、转让发票监制章和发票防伪专用品；印制发票的企业未按规定保管发票成品、发票防伪专用品、发票监制章，以及未按规定销毁废品而造成流失等。

【例 2-9】某国际股份有限公司从远扬科技有限公司购买了一批原材料，收到对方的发票时，发现发票销货单位名称并不是远扬科技有限公司，而是另外一个公司名称。分析此种情况是否符合相关规定并解释原因。

解答：此情况不符合相关规定，根据相关管理规定，违反发票管理法规的具体行为包括"转借、转让发票监制章和发票防伪专用品"等。所以，面对这样的情况，某国际股份有限公司应该退回这张发票，由销货单位重新开具公司抬头正确的发票。

- 未按规定购领发票，如向国家税务机关或国家税务机关委托单位以外的单位和个人取得发票；私售、倒买倒卖发票；贩卖、窝藏假发票；借用他人发票；私自向未经国家税务机关批准的单位和个人提供发票等。

【例 2-10】某国际股份有限公司为了做账需求，经常向赵某购买所谓的"真票"。分析该案例中相关做法是否符合相关规定并解释原因。

解答：某国际股份有限公司和赵某的做法都是违法的。根据相关管理规定，违反发票管理法规的具体行为包括"向国家税务机关或国家税务机关委托单位以外的单位和个人取得发票"，"私售、倒买倒卖发票；贩卖、窝藏假发票"。所以，某国际股份有限公司应该根据原始凭证如实入账，不应为了加大企业成本而私自购买发票。

- 未按规定填开发票，如单联填开或上下联金额、内容不一致；涂改、伪造、变造发票；转借、转让、代开发票；填开作废发票；发票项目填开不完整等。

【例2-11】某国际股份有限公司出纳在开具手写发票时，按照客户需求只填写发票联，记账联和存根联按照实际发生额单填。分析该案例中相关做法是否符合相关规定并解释原因。

解答：出纳的做法是错误的。根据相关管理规定，违反发票管理法规的具体行为包括"单联填开或上下联金额、内容不一致"。出纳应按照实际发生的经济业务开具发票，全部联次一次复写、打印，内容完全一致。

【例2-12】由于发票数量不够，某国际股份有限公司出纳在开发票时就用已登记作废的发票来开具。分析该案例中相关做法是否符合相关规定并解释原因。

解答：出纳的做法是错误的。根据相关管理规定，违反发票管理法规的具体行为包括"填开作废发票"。发票使用完时，必须及时去主管税务局购买新发票以保证正常开票。

【例2-13】某国际股份有限公司出纳收到一张手写的发票，但是发票上面付款单位处填写不完整，出纳急于将发票入账，于是自行在发票上补写。分析该案例中相关做法是否符合相关规定并解释原因。

解答：出纳的做法是错误的。根据相关管理规定，违反发票管理法规的具体行为包括"发票项目填开不完整"。对于填写不完整的发票，出纳有权拒绝接收，并要求开票单位重新开具发票，但出纳不能自行在发票上填补或者修改。

- 未按规定取得发票，如取得不符合规定的发票；只取得记账联或只取得抵扣联；擅自填开发票入账等。

【例2-14】以【例2-10】为例，某国际股份有限公司为满足做账需求而购买假发票的做法是错误的，根据相关管理规定，违反发票管理法规的具体行为包括"取得不符合规定的发票"。

【例2-15】某国际股份有限公司为完成"创收"任务，上级领导指示出纳在没有人购买货物的情况下，捏造购货单位，开具一张金额为50000元的发票。分析该案例中相关做法是否符合相关规定并解释原因。

解答：某国际股份有限公司的做法是错误的。根据相关管理规定，违反发票管理法规的具体行为包括"擅自填开发票入账"。某国际股份有限公司应按照实际销货数量、金额等开具发票，不应虚开发票，做假账。

- 未按规定保管发票，如损（撕）毁发票；丢失或擅自销毁发票存根联；未按规定缴销发票；未经国家税务机关查验擅自销毁专用发票的基本联次等。

【例2-16】某国际股份有限公司出纳由于不慎，将已开具的一张发票的存根联丢失，分析其做法是否符合相关规定并解释原因。

解答：出纳的做法是不符合规定的。根据相关管理规定，违反发票管理法规的具体行为包括"丢失或擅自销毁发票存根联"，同时根据《中华人民共和国发票管理办法》的相关规定，"已开具的发票存根联以及发票登记簿，应当保存5年。保存期满，报经税务机关查验后销毁。"

- 其他未按规定保管发票的行为，如拒绝检查，刁难、阻挠税务人员进行检查等。

(2) 违反相关规定的处罚措施

- 根据《税收征管法》及《中华人民共和国发票管理办法》，对于有上述所列行为之一的单位和个人，由国家税务机关责令限期改正，没收非法所得，并处一万元以下的罚款。有所列两种或者两种以上行为的，可以分别处罚。

- 非法携带、邮寄、运输或者存放空白发票的，由国家税务机关收缴发票，没收非法所得，并处一万元以下的罚款。

- 私自印制、伪造变造、倒买倒卖发票，私自制作发票监制章、发票防伪专用品的，由国家税务机关依法查封、扣押或者销毁，没收非法所得和作案工具，并处一万元以上五万元以下的罚款，构成犯罪的，由司法机关依法追究刑事责任。

- 违反发票管理法规，导致纳税人、扣缴义务人以及其他单位或个人未缴、少缴或者骗取税款的，由国家税务机关没收非法所得，并处未缴、少缴或者骗取税款一倍以下的罚款，还对纳税人、扣缴义务人以及其他单位或者个人进行依法查处。

单位或者个人有下列行为之一的，应当承担刑事责任：

- 虚开增值税专用发票的（虚开是指为他人虚开、为自己虚开、让他人为自己虚开、介绍他人虚开增值税专用发票行为之一）。
- 伪造或出售伪造的增值税专用发票的。
- 非法出售增值税专用发票的。
- 非法购买增值税专用发票或者购买伪造的增值税专用发票的。
- 虚开用于骗取出口退税、抵扣税款的其他发票的。

- 伪造、擅自制造或者出售伪造、擅自制造的可以用于骗取出口退税、抵扣税款的其他发票的，以及以营利为目的，伪造、擅自制造或者出售伪造、擅自制造的上述规定以外的其他发票的。
- 非法出售可以用于骗取出口退税、抵扣税款的其他发票的，以及以营利为目的，非法出售上述规定以外的其他发票的。
- 盗窃增值税专用发票或者其他发票的。

2.8　印章的管理

在企业的经营活动中，经常会用到印章。印章是企业行使职权的重要凭证和工具。印章如果丢失，会严重影响到企业的正常经营，很可能会引起企业利益的损失。为了避免一些不必要的纠纷以及损失，印章的使用以及保管一定要严格遵照有关规定。

2.8.1　印章的使用

公司的各类印章由各级和各岗位专人依据职权领取和保管。出纳主要负责财务章、人名章的保管。在保管过程中，出纳人员应严格按照规定使用印章。

- 企业内有员工需要用财务印章或人名章时，必须向出纳出具相关领导的使用印章证明，明确说明使用印章的目的，方可使用印章。
- 不得在空白凭证或者空白纸上加盖印章，以免对企业产生不利影响。确有需要时，必须领导批准方可盖印，盖印的相关情况应登记在册，如盖印人、盖印目的、盖印时间、盖印批准人及相关附件等。

【例 2-17】某国际股份有限公司某员工为方便外出办事，未办理任何手续便携带若干张加盖了财务章的空白纸，以备不时之需。分析其做法是否正确并解释原因。

解答：该员工的做法是错误的。根据印章使用的相关规定，为避免对企业产生不利影响，不得在空白纸上加盖印章。确有需要时，应有相关领导的批示并按规定办理相关手续。该员工未办理任何手续便私自带加盖印章的空白纸外出办事是不对的。

2.8.2 印章的管理

出纳对于自己保管的印章，如财务章、人名章等，应按照相关规定来管理，防止因印章丢失给企业带来经济或者其他损失。

- 出纳在使用和保管财务章和人名章时，不得将印章私自借与他人使用。如实在需要借用，必须经过相关领导的批准方可实施。
- 印章原则上不得被携带外出。但在实际工作中，出纳因购买支票、汇款等日常工作确实需要将财务章、人名章携带外出的，必须由财务部门领导批准才可带出。
- 印章平时必须妥善保管，一旦遗失，应在第一时间报告给上级领导。出纳应同时填写"更换印鉴申请书"，遗失人名章的由开户单位备函证明，经银行同意后按规定办法更换印鉴，并在新印鉴卡上注明情况。

【例2-18】某国际股份有限公司出纳去银行购买新支票，由财务部门领导批示，携带财务章以及人名章前往银行购买支票。分析出纳的做法是否正确，并解释理由。

解答：出纳的做法是正确的。根据印章管理的相关规定，印章原则上不得被携带外出，但在实际工作中，出纳因购买支票、汇款等日常工作确实需要将财务章、人名章携带外出的，必须由财务部门领导批准才可带出，所以出纳的做法是正确的。

第3章 凭证、账簿和票据的管理

任何单位在处理任何经济业务时,都必须由执行和完成该项经济业务的有关人员从单位外部取得或自行填制有关凭证,经过有关人员的严格审核并确认无误后,作为记账的依据。但会计凭证数量繁多、信息分散,缺乏系统性,不便于会计信息的整理与报告。会计账簿的出现就是为了全面、系统、连续地核算和监督单位的经济活动及其财务收支情况。

3.1 凭证的管理

企业在生产经营活动中,会用到很多种凭证,以记录生产经营活动的每个环节。对于这些凭证,企业应按要求使用并归类整理、保管好,以备后面核查时使用。

3.1.1 会计凭证的概念

会计凭证是企业生产活动中相关环节的记录,是企业正常经营的证据。同时,会计凭证也是会计登记账簿的最重要的依据。会计凭证上主要记载了企业经济业务发生的时间、内容、金额、填制人员以及审核人员等,会计凭证必须经过相关人员的严格审核,审核人员对会计凭证的真实性、合理性、合法性以及正确性负责。

以差旅费报销单为例,它是会计凭证的一种,主要记录企业出差的人员、所属部门、出差起止时间、出差地点、所乘交通工具以及出差期间所花费用等。以上种种形成企业的一项经济活动,而差旅费报销单就是记录企业这项经济活动的凭证,是明确经济责任的书面证据,同时也是会计登记账簿、进行会计监督的重要依据。差旅费报销单的样式如表 3-1 所示。

3.1.2 会计凭证的作用

企事业单位或者其他社会机构在生产经营过程中涉及的经济业务都应按照规定和程序填制和取得各种原始凭证,会计根据原始凭证填制记账凭证,再按照记账凭证的相关内容以及时间顺序来登记账簿。会计凭证在企业的整个经济活动中进行传递,记录着企业生产经营过程中的每一步。

表 3-1　差旅费报销单

部位_____　　　　　　　年　月　日

出差人							出差事由				
出发				到达				交通工具	交通费		
月	日	时	地点	月	日	时	地点		单据张数	金额	
			合计								

出差补贴		其他费用		
天数	金额	项目	单据张数	金额
		住宿费		
		市内车费		
		邮电费		
		办公用品费		
		不买卧铺补贴		
		其他		

报销总额	人民币（大写）	￥	预借旅费	￥	补领金额	￥
					退还金额	￥

主管　　　　　　审核　　　　　　出纳　　　　　　领款人

会计凭证作为企业经营活动的记载者，利用其拥有的会计信息真实地反映了企业的经营状况以及经营成果。企业管理者根据会计信息反映出来的情况，适时对企业的经营活动做出调整及部署，做到以最小的成本取得最大的经济效益。

3.1.3　会计凭证的分类

按其填制程序和用途的不同，会计凭证可以分为原始凭证和记账凭证。

- 原始凭证是用以记录和证明经济业务的发生和完成情况的原始记录，也是明确经济责任和据以记账的原始依据。
- 记账凭证是根据审核无误的原始凭证或汇总原始凭证，按照经济业务的内容加以归类并确定会计分录而填制的，据以登记账簿的凭证。由于原始凭证的形式和格式多种多样，直接据以入账容易发生差错，因而在记账前，应根据原始凭证编制相应的记账凭证。

按其取得来源的不同，原始凭证可分为自制原始凭证和外来原始凭证两种。

- 自制原始凭证，简称自制凭证，是指企业为了自身经济业务中的需求，自行制定的原始凭证。在业务产生时，及时准确地填制该凭证，记录经济业务过程的同时，也作为日后核查的最原始资料。常见的自制原始凭证有商品零售业的"进货单""入库单"，工业企业中的生产车间申请原材料时的"领料单"，企业职工出差向企业申请差旅费的"旅费申请单"，企业员工或者其他单位向本企业借款的"借款单"，财物部门编制的"费用分配表"等。

商品零售业主要从事商品的买卖，即从甲企业进货，以零售的方式出售商品。为了明确自己进货的信息，即货品名称、数量、单价等，必须要填写进货单，这样在每月结账时都有据可查。其样式如表3-2所示。

表3-2　进货单

单据编号：　　　　　　　　　　　填单日期：
经办人：　　　　　　　　　　　　供应商：
总数量：　　　　　　　　　　　　总金额：

货号	商品名称	收货仓库	规格	单位	数量	进货价	金额
合计							

企业进货之后，要将商品存入自己的仓库，以备补货之用。为确定自己的库存商品的数量、单价、总金额等相关信息，让商品的存在有记录可查并使商品销售时有所依据，企业要填写入库单。入库单是企业采购的记录证明，对企业采购部门以及企业物资供应商都起到了很好的监督作用。其格式如表3-3所示。

表 3-3　入库单

年　　月　　日　　　　　　　　　第　　号

名称	单位	数量	单价	金额									备注
				百	十	万	千	百	十	元	角	分	
合　　计													

主管　　　　会计　　　　质检员　　　　保管员　　　　经办人

领料单是企业领料的人员根据领料的实际情况填制的一种自制原始凭证。领料单可以清楚地体现领料人员领取的材料名称、规格、数量、总金额等,其大体格式如表 3-4 所示。

表 3-4　领料单

领料部门：　　　　　　　　　　　　领料编号：
领料用途：　　　　　　　　　　　　发料仓库：

　　　　　　　　　　　　年　　月　　日

材料编号	材料名称及规格	计量单位	数量		单价	金额
			请领	实领		
备注						合计

发料人：　　　　审批人：　　　　领料人：　　　　记账：

企业员工出差前,需要根据出差地点、出差时间以及可能办理的经济业务等相关情况,提前支取差旅费用,以备出差时使用。在支取差旅费时,需要填制旅费申请单,其样式如表 3-5 所示。

企业员工由于各种原因,向企业预支工资,也就是借款时,要填写借款单；同样,因为发展的需要,其他单位也有可能向本企业借款,以满足企业对资金的要求,此时也要填写借款单,证明借款的时间、借款数额以及预计还款日期等相关信息,借款单的样式如表 3-6 所示。

表 3-5　旅费申请单

日期：		部门：		职称：	
姓名：					
出差事由：					
误餐次数：		误餐费/次：		金额：	
交通工具:由	经	至		交通费：	
由	经	至		交通费：	
旅费金额：			经手人：		
核准：			证明人：		

主管领导：　　　　　会计：　　　　　出纳：　　　　　申请人：

表 3-6　借款单

　　　　　　　　　　　　　　　　　　　　　年　　月　　日

借款单位或个人	
借款理由	
借款数额	人民币（大写）　　　　　　　　　　¥_____
本单位负责人意见	
领导批示：	财务主管批示：　　　　　付款记录： 　　　　　　　　　　　　　　　　年　月　日以第　号 　　　　　　　　　　　　　　　　支票或者现金支出凭单付给
借款人（签字或盖章）：	预计还款日期：　　年　月　日

部门主管：　　　　会计：　　　　出纳：　　　　领款人：

费用分配表，主要是各部门按照各自日常工作的实际情况，对各种费用使用情况的统计。各部门可根据此表，对所支配费用进行下一步的合理分配与利用。费用分配表的格式如表 3-7 所示。

表 3-7　费用分配表

部门:财务部　　　　　　　　　　年　　月　　日　　　　　　金额单位:元

年		凭证号	摘要	办公用品费用	耗材费用	工资	维修费	水费	电费	其他	合计
月	日										

- 外来原始凭证，简称外来凭证，是指在经济业务发生或完成时从其他企业或个人直接取得的原始凭证或能证明物品来路的最初证明。外来原始凭证都是一次凭证。外来原始凭证一般由税务局等部门统一印制，或经税务部门批准由经济企业印制，在填制时加盖出据凭证企业公章方有效，对于一式多联的原始凭证必须用复写纸套写。如企业采购时取得的发票（如图 3-1 所示）、出差人员报账时提供的车船发票（如图 3-2 所示）、餐费发票（如图 3-3 所示）、停车费（如图 3-4 所示）等，均是外来原始凭证。

图 3-1　采购发票

图 3-2　火车票

图 3-3　餐费发票

图 3-4　停车费

3.1.4　原始凭证的填制

由于企业性质不同，经济业务的种类和内容不同，原始凭证的格式和内容也千差万别。但无论何种原始凭证，都必须明确具备以下基本内容：

- 原始凭证名称。
- 原始凭证的日期。
- 接受原始凭证单位名称。
- 经济业务内容（含数量、单价、金额等）。
- 填制单位签章（发票专用章）。
- 有关人员签章。
- 必要时还应有凭证附件。

原始凭证的填制要求如下：

- 原始凭证上记载的经济业务，必须与实际情况相符，决不允许有任何歪曲或弄虚作假的情况。每张凭证上填列的日期、业务内容、数量、单价、金额等应当真实可靠，这样才能保证会计信息的客观真实性。
- 从企业取得的原始凭证，必须加盖填制企业的发票专用章；从个人取得的原始凭证，必须有填制人签名或盖章。自制原始凭证，必须有部门负责人和经办人员的签名或盖章；对外开出的原始凭证，必须加盖本企业的发票专用章。
- 原始凭证必须逐项填写完整的经济业务内容，一式几联的原始凭证必须用复写纸套写，单联的原始凭证必须用黑墨水的钢笔或者签字笔填写，字迹要清楚、工整。
- 凭证填写发生错误，应按规定更正，不得随意涂改挖补；对于不能更正的原始凭证，应在原始凭证上加盖"作废"戳记，连同存根一起保存，不得随意撕毁，以备核查之用。
- 原始凭证上的数字填写与支票数字填写规定一样，小写数字不得连笔，数字前必须加币种符号，符号与数字之间不得留有空白；大写金额最后为"元""角"的应加写"整"或"正"字结尾；金额数要写到角、分为止，无角、分的用"00"或符号"—"表示，有角无分的，分位应写"0"，此时不能用符号"—"。

- 填写大写金额时，事先印好的"人民币"字样与大写数字之间不得留空；金额数字中间有"0"时，汉字大写金额要写"零"字；书写时，数字的大写金额和小写金额必须保持一致。
- 加盖公司发票专用章或者其他相关印章时，必须保证清楚，易于辨认。
- 各种凭证都必须连续编号，不能跳号，以备查考。

【例 3-1】某国际股份有限公司出纳在开具发票时，将付款单位"远扬科技有限公司"写成了"远扬科技技术有限公司"，出纳在交付发票时并未发现此错误。

上述案例中，出纳的做法是否正确？具体说明原因。

解答：出纳的做法是错误的。根据原始凭证填制要求中"原始凭证上记载的经济业务，必须与实际情况相符，决不允许有任何歪曲或弄虚作假的情况。每张凭证上填列的日期、业务内容、数量、单价、金额等应当真实可靠"以及"对于不能更正的原始凭证，应在原始凭证上加盖'作废'戳记，连同存根一起保存，不得随意撕毁，以备核查之用"这两条，出纳开具的发票是错误的，不符合经济业务发生的实际情况。针对这种情况，出纳应将原发票加盖"作废"戳记，连同存根一起保存，不得随意撕毁，并重新开具正确发票交予对方。

【例 3-2】某国际股份有限公司为远扬科技有限公司提供一项技术服务，验收合格后为远扬科技有限公司开具普通发票，金额为50000元整，此发票填制的流程如图3-5所示。

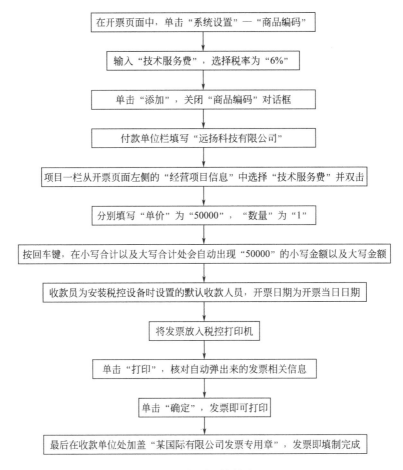

图 3-5 发票的填制流程

其中,原始凭证的几项基本内容体现如下:接受原始凭证的日期即开票日期;接受原始凭证单位名称即付款单位;经济业务内容即项目、单价、数量以及金额这几栏;填制单位签章即加盖的公司专用发票章;有关人员签章即收款人员名字。

3.1.5 原始凭证的审核

为了真实反映经济业务的发生以及完成情况,保证原始凭证上记载的经济业务,与实际情况相符,原始凭证必须要经过审核,确定其是真实、合理、合法、完整的,才可以入账。

审核的内容主要有以下几点：

- 原始凭证是否真实。凭证上所记录的经济业务是否是真实发生的，经济业务的各个要素是否真实，即付款单位是否真实，项目、数量、单价以及金额是否真实，日期是否真实，以及所加盖的相关印章是否真实。只有保证经济业务的真实性，才有后面审核凭证的可能性。

- 原始凭证是否合法。原始凭证涉及的经济业务内容是否属于法律允许的范畴。对于不合法的原始凭证，出纳有权拒绝受理。

- 原始凭证是否合理。在原始凭证真实可靠且合法的基础上，看此项经济业务是否合理，有无铺张浪费，有无不切实际，是否符合费用支出标准。

- 原始凭证是否完整。对于凭证上的所有经济要素，即付款单位、项目、单价、数量、金额、收款人、日期以及印章，要看其是否填制完整、正确。根据《会计法》规定，对记载不准确、不完整的原始凭证应予以退回，并要求按照国家统一的会计制度的规定更正、补充。

出纳在审核原始凭证时，必须严格把关，保证传递到下一步的所有凭证是真实、合法、合理、完整的，这样也有利于避免企业经济利益出现一些不必要的流失。

【例3-3】某国际股份有限公司出纳在审核发票时，发现一张手写发票上将付款单位"某国际股份有限公司"写成了"某国际股份公司"，出纳因为嫌麻烦，就自行在发票上补了"有限"两个字，随后将发票入账。

上述案例中，出纳的做法是否正确？具体说明原因。

解答：出纳的做法是错误的。根据《会计法》规定，对记载不准确、不完整的原始凭证应予以退回，并要求按照国家统一的会计制度的规定更正、补充。出纳审核的这张发票属于记载不准确、不完整发票，应当予以退回，要求重开，所以，出纳的做法是错误的。

【例 3-4】某国际股份有限公司出纳在开具发票时，按照规定，发票的项目应该写"技术服务费"，但是对方要求出纳将发票项目写成"咨询费"，出纳拒绝了对方的这个要求，还是按规定开具了发票。

上述案例中，出纳的做法是否正确？具体说明原因。

解答：出纳的做法是正确的。根据《会计法》规定，原始凭证上所记录的经济业务应是真实发生的，经济业务的各个要素是真实的，即付款单位、项目、数量、单价以及金额都是真实的。只有保证经济业务的真实性，才有后面审核凭证的可能性。

3.1.6 记账凭证的填制

由于原始凭证的来源比较广泛，所以格式不尽相同。出纳在审核完原始凭证后，要将这些合格的原始凭证加以归类整理，方便下一步会计的操作，即记账。记账是根据归类整理好的原始凭证，填制具有统一格式的记账凭证，并将原始凭证附在记账凭证后面，方便登记账簿和进行记账凭证与账簿记录的核对，防止会计凭证的丢失，并且方便日后查找。

编制记账凭证时，必须按顺序连续编号，根据企业的实际情况，可以统一编号，也可分类编号。统一记账凭证的记账编号统一记做"记字第××号"。记账凭证的内容主要包括记账日期、记账凭证编号、经济业务内容摘要、经济业务涉及的会计科目以及记账方向、经济业务发生的金额、所附原始凭证的张数以及相关人员的签章等。所有事项均按照原始凭证如实填写，保证会计信息的准确性以及真实性。记账凭证的样式如表 3-8 所示。

表 3-8 记账凭证的样式

记账凭证

年　月　日　　　　　　　　　　　　　　记字第　号

摘要	会计科目	借方金额	贷方金额
附单据　张	合　　计		

会计主管：　　复核：　　记账：　　出纳：　　经办：　　制单：

【例 3-5】某国际股份有限公司出纳 2019 年 2 月 12 日从银行提取现金 45000 元，现金支票号码为 5513。现金支票存根联如图 3-6 所示。

```
中国工商银行
现金支票存根
10201110
01375513
附加信息

─────────────────
出票日期 2019 年 2 月 12 日
收款人：某国际股份有限
　　　　公司
金额：45000.00
用途：差旅费
单位主管　　　会计
```

图 3-6 现金支票存根联

根据以上原始凭证，填制相关记账凭证，如表 3-9 所示。

表 3-9 记账凭证

记账凭证

2019 年 2 月 28 日　　　　　　　　　　　记字第 6 号

摘要	会计科目	借方金额	贷方金额
提现	库存现金	45000.00	
提现 5513#	银行存款		45000.00
附单据 1 张	合　　计	45000.00	45000.00

会计主管：张三　　复核：张三　　记账：李四　　出纳：　　经办：　　制单：

【例 3-6】某国际股份有限公司 2019 年 2 月 14 日用现金 860 元购买办公用品。根据购买办公用品时取得的发票,填制记账凭证,如表 3-10 所示。

表 3-10　记账凭证

记账凭证

2019 年 2 月 28 日　　　　　　　　　　　　　　　记字第 9 号

摘要	会计科目	借方金额	贷方金额
购买办公用品	管理费用	860.00	
购买办公用品	库存现金		860.00
附单据 1 张	合　　计	860.00	860.00

会计主管:张三　　复核:张三　　记账:李四　　出纳:　　经办:　　制单:

分类编号是根据企业发生经济业务时资金的进出方向来编号,即按现金和银行存款收入、现金和银行存款支出以及转账业务三类进行编号,分别编为收字第××号、付字第××号、转字第××号。

收款凭证是用于记录企业现金或者银行存款收入的凭证,是出纳据以收款并登记账簿的凭证。

【例 3-7】接【例 3-5】,根据企业所发生的经济业务,编制收款凭证如表 3-11 所示。

表 3-11　收款凭证

收款凭证

借方科目　库存现金　　　2019 年 2 月 12 日　　　　　收字第 3 号

| 摘要 | 贷方科目 | | 记账方向 | 金额 | |
	一级科目	明细科目			附单据1张
提取现金	银行存款		贷	45000.00	
合　计				45000.00	

会计主管:张三　　记账:李四　　出纳:王小小　　审核:　　制单:

付款凭证是用于记录企业现金或者银行存款支出的凭证,是出纳据以付款并登记账簿的凭证。

【例 3-8】接【例 3-6】，根据企业所发生的经济业务，编制付款凭证如表 3-12 所示。

表 3-12 付款凭证

付款凭证

贷方科目　库存现金　　　　2019 年 2 月 14 日　　　　　　付字第 17 号

摘要	借方科目		记账方向	金额	
	一级科目	明细科目			附单据1张
购买办公用品	管理费用	办公费	借	860.00	
合计				860.00	

会计主管：张三　　记账：李四　　出纳：王小小　　审核：　　制单：

转账凭证是记录企业不涉及现金以及银行存款业务的凭证，同样也是出纳据以付款并登记账簿的凭证。

【例 3-9】某国际股份有限公司 2019 年 2 月 21 从甲公司购进一批原材料，价款 100000 元，增值税额 16000 元，款项已打入对方账户。根据企业所发生的经济业务，编制转账凭证如表 3-13 所示。

表 3-13 转账凭证

转账凭证

2019 年 2 月 21 日　　　　　　转字第 4 号

摘要	会计科目		借方金额	贷方金额	
	一级科目	明细科目			附单据1张
购进原材料	原材料		100000.00		
	应交税费	应交增值税（进项税额）	16000.00		
	应付账款	甲公司		116000.00	
合计			116000.00	116000.00	

会计主管：张三　　记账：李四　　出纳：王小小　　审核：　　制单：

记账凭证的填制要求如下：

- 记账凭证的日期可以在填写记账凭证的当日填写，也可以在月末或装订凭证时填写。

- 记账凭证无论是统一编号还是分类编号，均应分月份按自然数字顺序连续编号。通常，一张记账凭证编一个号，不得跳号、重号。
- 凭证内容必须依据原始凭证填写完整，摘要应与原始凭证一样，表达简练而易懂。
- 为方便核算，同类原始凭证应汇总记账，如所有的火车票应尽量附在同一张记账凭证后面，填制同一张凭证，方便日后账证核对。
- 与原始凭证填写要求相同，记账凭证填制时，文字的书写应清晰可辨，数字的大小写应遵循原始凭证的书写规范。
- 填制记账凭证时若发生错误，应当重新填制，不得在原错误的记账凭证上挖补修改。
- 除更正错误以及结账的记账凭证可以不附原始凭证外，其他记账凭证必须附原始凭证。
- 记账凭证填制完经济业务事项后，如有空行，应当自金额栏最后一笔金额数字下的空行处至合计数上的空行处画线注销。

3.1.7 记账凭证的审核

记账凭证填制完成后，为保证其与原始凭证的一致性，保证其能够正确地记录在账簿上，必须对记账凭证进行审核，审核的内容大致如下：

- 日期是否正确。
- 凭证编号是否连续。
- 摘要是否与原始凭证一致。
- 会计科目是否正确，其记账方向是否正确。
- 文字与数字的书写是否遵照原始凭证的文字与数字书写的规范。
- 金额填写是否正确。
- 记账凭证后面是否附有原始凭证。

对于审核后发现有错误的记账凭证，必须按规定予以改正。已登记入账的记账凭证在当年内发现填写错误时，可以用红字填写一张与原内容相同的记账凭证，在摘要栏注明"注销某月某日某号凭证"字样，冲掉错误的原始凭证。同时再用蓝字重新填制一张正确的记账凭证，注明"订正某月某日某号凭证"字样。会计科目没有错误，只是金额错误，可将正确数字与错误数字之间的差额，另编一张调整的记账凭证，调增金额用蓝字，调减金额用红字。发现以前年度记账凭证有错误时，应当用蓝字填制一张更正的记账凭证。

【例 3-10】接【例 3-5】，根据现金支票的存根联，编制记账凭证如表 3-14 所示。

表 3-14 记账凭证

记账凭证

2019 年 2 月 28 日　　　　　　　　　　　　记字第 6 号

摘要	会计科目	借方金额	贷方金额
提现	银行存款	45000.00	
提现 5513#	库存现金		45000.00
附单据 1 张	合　计	45000.00	45000.00

会计主管：张三　　复核：张三　　记账：李四　　出纳：　　经办：　　制单：

根据记账凭证的审核内容，审核表 3-14 中记账凭证的编制是否正确，并说明原因。

解答：表 3-14 中的记账凭证是错误的。在【例 3-5】中，企业提取现金，其借方应为"库存现金"，贷方为"银行存款"，表 3-14 中的记账方向刚好相反，所以是错误的，应及时进行更正。

更正方法如下：用红字填写一张与表 3-14 中内容相同的记账凭证，在摘要栏注明"注销某月某日某号凭证"字样，冲掉错误的原始凭证。同时再用蓝字重新填制一张如表 3-9 所示的正确的记账凭证，注明"订正某月某日某号凭证"字样。

【例 3-11】接【例 3-5】,根据现金支票的存根联,编制记账凭证如表 3-15 所示。

表 3-15 记账凭证

记账凭证

2019 年 2 月 28 日　　　　　　　　　　　　　　记字第 6 号

摘要	会计科目	借方金额	贷方金额
提现	库存现金	4500.00	
提现 5513#	银行存款		4500.00
附单据 1 张	合　　计	4500.00	4500.00

会计主管:张三　　复核:张三　　记账:李四　　出纳:　　经办:　　制单:

根据记账凭证的审核内容,审核表 3-15 中记账凭证的编制是否正确,并说明原因。

解答:表 3-15 中的记账凭证是错误的。在【例 3-5】中,企业提取现金金额为 45000 元,本例中记账凭证的借贷方金额均为 4500 元,少记 40500 元,所以是错误的。

更正方法如下:会计科目没有错误,只是金额错误,可将正确数字与错误数字之间的差额,另编一张调整的记账凭证,调增金额的用蓝字,更正的记账凭证如表 3-16 所示(提示:更正错账用蓝字,由于本书采用黑白印刷,因此没有显示)。

表 3-16 更正的记账凭证

记账凭证

2019 年 2 月 28 日　　　　　　　　　　　　　　记字第 29 号

摘要	会计科目	借方金额	贷方金额
提现	库存现金	40500.00	
提现 5513#	银行存款		40500.00
附单据 1 张	合　　计	40500.00	40500.00

会计主管:张三　　复核:张三　　记账:李四　　出纳:　　经办:　　制单:

注意：填写表 3-16 记账凭证中的信息时，均应使用蓝字，表明是以前少记的金额，现在做调增。

3.1.8 凭证的装订

记账凭证填制完成并整理好后，应将其装订成册，一般企业每月装订一次。记账凭证作为原始凭证的汇总本，除了要整齐装订外，最上面还需要有封面（如表 3-17 所示）。封面根据本月记账凭证的实际情况填写，方便按年分月保管的同时，也有助于在众多的记账凭证中迅速定位自己寻找的目标。

表 3-17 记账凭证封面

记账凭单（证）封面

日　期	年　　月
册　数	本月共　　册　　本册是第　　册
张　数	本册自第　　号至第　　号　共　　张
附　件	

会计主管：　　　　　　　　　　　　　装订人：

装订时，需要将记账凭证按凭证编号的顺序依次整理好，凭证外面加上封面（封面一般为牛皮纸），在左上角用大订书针固定，装订时注意尽量不要压着原始凭证的文字与数字等，方便日后查账。

装订好的记账凭证应检查封面各要素是否填写完整，相关印章是否盖全，确认无误的情况下，将凭证交由专人审核并管理。

【例 3-12】某国际股份有限公司 2019 年 2 月份账已做完，共 1 册，其中有 31 张记账凭证。记账凭证封面如表 3-18 所示。

表 3-18 记账凭证封面

记账凭单（证）封面

日　期	2019 年 2 月
册　数	本月共壹册　　本册是第壹册
张　数	本册自第壹号至第叁拾壹号　共叁拾壹张
附　件	

会计主管：张三　　　　　　　　　　　装订人：

3.1.9 凭证的保管

根据《中华人民共和国会计法》和《中华人民共和国档案法》的规定，"各单位每年形成的会计档案，应当由会计机构按照归档要求，负责整理立卷，装订成册，编制会计档案保管清册。当年形成的会计档案，在会计年度终了后，可暂由会计机构保管一年，期满之后，应当由会计机构编制移交清册，移交本单位档案机构统一保管；未设立档案机构的，应当在会计机构内部指定专人保管。出纳人员不得兼管会计档案。移交本单位档案机构保管的会计档案，原则上应当保持原卷册的封装。个别需要拆封重新整理的，档案机构应当会同会计机构和经办人员共同拆封整理，以分清责任"，"各单位保存的会计档案不得借出。如有特殊需要，经本单位负责人批准，可以提供查阅或者复制，并办理登记手续。查阅或者复制会计档案的人员，严禁在会计档案上涂画、拆封和抽换"。

按照《中华人民共和国会计法》和《中华人民共和国档案法》的规定，凭证的保管期限为30年。保管期满的会计档案，除《会计档案管理办法》第十六条规定的情形外，可以按照以下程序销毁：

- 由本单位档案机构会同会计机构提出销毁意见，编制会计档案销毁清册，列明销毁会计档案的名称、卷号、册数、起止年度和档案编号、应保管期限、已保管期限、销毁时间等内容。
- 单位负责人在会计档案销毁清册上签署意见。
- 销毁会计档案时，应当由档案机构和会计机构共同派员监销。国家机关销毁会计档案时，应当由同级财政部门、审计部门派员参加监销。财政部门销毁会计档案时，应当由同级审计部门派员参加监销。

- 监销人在销毁会计档案前，应当按照会计档案销毁清册所列内容清点核对所要销毁的会计档案；销毁后，应当在会计档案销毁清册上签名盖章，并将监销情况报告本单位负责人。

【例3-13】某国际股份有限公司1998年开业，凭证一直由会计档案管理部门保管，因为保管时间比较长了，领导授意会计档案管理部门可以自行销毁1998年至2005年的凭证，减少档案管理的工作量，方便会计档案管理部门后面凭证的管理。

分析上述案例中的做法是否正确，并具体说明原因。

解答：以上做法是错误的。按照《中华人民共和国会计法》和《中华人民共和国档案法》的规定，凭证的保管期限为30年。未到保管期限的凭证，不能自行销毁。凭证只有按照规定的时间妥善保管，才能在日后相关部门查账时有据可依。

3.2 账簿的管理

账簿是记录企业经济业务活动的主要证据，同时也是会计编制企业财务报表的主要依据。账簿主要反映了企业货币资金的动向，为企业领导人做出下一步财务计划提供有用的数据，同时也是向国家报告其经营情况的主要凭证。

3.2.1 账簿的概念及作用

会计账簿由一定格式组成，依据记账凭证来登记，反映了企业各项经济业务活动。会计账簿主要反映企业在短时间内的货币资金流动情况，除能具体反映经济活动的发生以及结果以外，还能为企业定期提供财务信息，协助企业财务部门根据自身经营情况制定财务计划。

3.2.2 账簿的分类

由于各个企业实际情况不同,依据其实际情况,账簿的表现形式、内容、用途及登记方法就不同。为了清楚掌握账簿与企业经济业务之间的钩稽关系,账簿也按照不同的分类方法,分为很多种,其分类情况大致如图3-7所示。

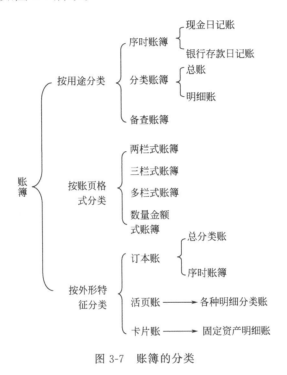

图 3-7 账簿的分类

3.2.3 启用账簿

新企业纳税人应当在领取营业执照之日起15日内按照规定设置相关各类账簿,其中日记账必须采用订本式。企业出纳在购得现金日记账簿以及银行存款日记账簿并启用时,对于账簿扉页的"账簿使用登记表"必须逐项如实填写,账簿使用登记表如表3-19所示。

账簿使用登记表中涉及的相关栏目,应一一填写清楚,如使用者名称、账簿名称、主管、会计、经管人姓名及交换日期等。只有逐项如实填写各栏目，在备查账簿发现问题时，才可以明确责任。

表 3-19 账簿使用登记表

使用者名称				印鉴		
账簿名称						
账簿编号						
账簿页数	本账簿共　　页					
启用日期	年　　月　　日					
责任者		主管	会计		记账	审核
经管人姓名及交换日期		经管	年	月	日	
		交出	年	月	日	
		接管	年	月	日	
		交出	年	月	日	
		接管	年	月	日	
		交出	年	月	日	
		接管	年	月	日	
		交出	年	月	日	
备考						

3.2.4 登记账簿

为了确保现金日记账簿以及银行存款日记账簿登记的正确性，在登记账簿时，必须依据库存现金的收付款凭证来登记现金日记账，根据银行存款的收付款凭证来登记银行存款日记账，这样才能真实有效地反映企业经济业务发生以及完成的整个过程。

现金日记账主要是企业经济业务活动中涉及现金收入及现金支出的相关记录，其样式如表 3-20 所示。

表 3-20 现金日记账样式

年		凭证编号	摘要	借方	√	贷方	√	余额
月	日			百十万千百十元角分		百十万千百十元角分		百十万千百十元角分

与现金日记账类似，银行存款日记账主要是企业经济业务活动中涉及银行存款账户的收入及支出的相关记录，其样式如表3-21所示。

表 3-21　银行存款日记账样式

年		凭证编号	摘要	借方									✓	贷方									✓	余额								
月	日			百	十	万	千	百	十	元	角	分		百	十	万	千	百	十	元	角	分		百	十	万	千	百	十	元	角	分

现金日记账以及银行存款日记账账簿登记时应该遵照下面的要求：

- 登记时必须按照账簿中账页页码的顺序逐页逐行登记，中间不能出现空行以及空白页。

- 必须按照记账凭证的编号顺序逐一登记，不得漏记或者重记。

- 每年更换新账簿时，一定要在新账页的"摘要"栏注明"上年结转"字样，并将上年余额计入"余额"栏内。

- 账页登记满时，在最下面一行"摘要"栏注明"过次页"字样，新一页账页"摘要"栏注明"承前页"字样。

- 记账时应使用钢笔、蘸水笔，用蓝、黑墨水书写，不得使用圆珠笔（银行的复写账簿除外）或者铅笔书写。

- 登记文字以及数字时，字符尽量只占行高的1/2，为日后更改留下空隙。

- 登记时，记账的方向，即"借""贷"必须登记正确。

- 每月月底在最后一笔账目记录下画单红线，表示当月账目登记结束，在"摘要"栏写明"本月合计"，在红线下分别结出借方、贷方总金额，算出每月月底结余，填入单红线下"余额"一栏中，如无余额，应在"余额"一栏内的"元"位写上"0"。

- 每年年底在最后一笔账目记录下画双红线，表示当年账目登记结束，在"摘要"栏写明"本年合计"，在红线下分别结出借方、贷方总金额，算出每年年底结余，填入双红线下"余额"一栏中，如无余额，应在"余额"一栏内的"元"位写上"0"。

【例 3-14】某国际股份有限公司出纳 2019 年 2 月 23 日用库存现金 5600 元购买电脑。据其原始凭证填制付款凭证，如表 3-22 所示。

表 3-22　付款凭证

贷方科目　库存现金　　　　2019 年 2 月 23 日　　　　付字第 27 号

摘要	借方科目		记账方向	金额
	一级科目	明细科目		
购买电脑	固定资产	电脑	借	5600.00
合计				5600.00

附单据 1 张

会计主管：张三　　记账：李四　　出纳：王小小　　审核：　　制单：

根据付款凭证，出纳登记现金日记账，如表 3-23 所示。

表 3-23　现金日记账

2019 年		凭证编号	摘要	借方								✓	贷方									✓	余额								
月	日			百	十	万	千	百	十	元	角	分		百	十	万	千	百	十	元	角	分		百	十	万	千	百	十	元	角	分
2	23	27	购买电脑														5	6	0	0	0	0										

【例 3-15】某国际股份有限公司出纳在 2019 年 2 月末登记现金日记账，其当月借方发生额为 67000 元，贷方发生额为 92600 元，月末无余额。出纳登记的现金日记账，如表 3-24 所示。

表 3-24　出纳登记的现金日记账

年		凭证编号	摘要	借方								✓	贷方									✓	余额								
月	日			百	十	万	千	百	十	元	角	分		百	十	万	千	百	十	元	角	分		百	十	万	千	百	十	元	角	分
2	28	17	工资													5	2	0	0	0	0	0										
							6	7	0	0	0	0	0				9	2	6	0	0	0	0									

分析上述案例中出纳的登记方法是否正确，并具体说明原因。

解答：出纳的做法是错误的。根据账簿登记要求，每月月底在最后一笔账目记录下画单红线,表示当月账目登记结束,在"摘要"栏写明"本月合计",在红线下分别结出借方、贷方总金额,算出每月月底结余,分别填入单红线下相应栏次中,如无余额,应在"余额"一栏内的"元"位写上"0",然后在下面再画一道通栏单红线,以便与下月发生的经济业务分清楚。而本例中出纳在月底结账时,在最后一栏下方未画单红线,不能表明这是月底结账一栏;同时,在结账无余额时,出纳未在"余额"栏的"元"位上写"0"。所以,出纳的做法是不对的。正确登记方法如表3-25所示(提示:由于本书采用黑白印刷,所以通栏单红线以加粗的黑线表示)。

表3-25 正确的现金日记账

年		凭证编号	摘要	借方								√	贷方								√	余额							
月	日			百	十	万	千	百	十	元	角	分		百	十	万	千	百	十	元	角	分		百	十	万	千	百	十	元	角	分
2	28	17	工资														5	2	0	0	0	0										
			本月合计				6	7	0	0	0	0					9	2	6	0	0	0								0		

【例3-16】某国际股份有限公司2019年2月份月底现金无余额,银行存款余额为149000元。3月份发生如下经济业务:

(1) 2019年3月1日,提取现金40000元。

(2) 2019年3月3日,公司用现金970元购买墨盒。

(3) 2019年3月6日,预支给职工差旅费2000元。

(4) 2019年3月10日,卖掉废旧电脑,收到700元。

(5) 2019年3月13日,收到甲公司的技术服务合同款200000元。

(6) 2019年3月18日,用银行存款还前欠开户银行的短期借款150000元。

(7) 2019年3月20日,收到乙公司还前欠款50000元,款项已打入公司开户账户。

(8) 2019年3月23日,公司其中一位股东增加投资500000元。

(9) 2019年3月26日,维修打印机支付现金800元。

(10) 2019 年 3 月 30 日，提取现金 60000 元。

(11) 2019 年 3 月 30 日，发放职工工资共计 52000 元。

根据上述经济业务，登记相关账簿。

根据某国际股份有限公司 3 月份现金账户发生的经济业务，编制现金日记账如表 3-26 所示（提示：由于本书采用黑白印刷，所以通栏单红线以加粗的黑线表示）。

表 3-26 现金日记账

2019年		凭证编号	摘要	借方 百十万千百十元角分	√	贷方 百十万千百十元角分	√	余额 百十万千百十元角分
月	日							
			上期余额	0				
3	1		提现	4 0 0 0 0 0 0				
3	3		购买墨盒			9 7 0 0 0		
3	6		预支差旅费			2 0 0 0 0 0		
3	10		卖废品	7 0 0 0 0				
3	26		维修费			8 0 0 0 0		
3	30		提现	6 0 0 0 0 0 0				
3	20		工资			5 2 0 0 0 0 0		
			本月合计	1 0 0 7 0 0 0 0		5 5 7 7 0 0 0		4 4 9 3 0 0 0

根据某国际股份有限公司 3 月份银行存款账户发生的经济业务，编制银行存款日记账如表 3-27 所示（提示：由于本书采用黑白印刷，所以通栏单红线以加粗的黑线表示）。

表 3-27 银行存款日记账

2019年		凭证编号	摘要	借方 百十万千百十元角分	√	贷方 百十万千百十元角分	√	余额 百十万千百十元角分
月	日							
			上期余额	1 4 9 0 0 0 0 0				
3	1		提现			4 0 0 0 0 0 0		
3	13		收入	2 0 0 0 0 0 0 0				
3	18		还款			1 5 0 0 0 0 0		
3	20		收回借款	5 0 0 0 0 0 0				
3	23		股东增资	5 0 0 0 0 0 0 0				
3	30		提现			6 0 0 0 0 0 0		
			本月合计	8 9 9 0 0 0 0 0		2 5 0 0 0 0 0 0		6 4 9 0 0 0 0 0

3.2.5 错账的更正方法

出纳在登记账簿的过程中，有可能会出现各种各样的差错，如重记、漏记、文字或者数字记录错误、借贷方向记错等，这些都会引起记账的不准确。针对出错的具体情况，应具体问题具体分析，及时找出错误并进行更正。不同的错误，其账簿更正方法不同。下面介绍几种常见的错账更正方法。

(1) 划线更正法

记账凭证没有出错，出纳在登记账簿时，文字或者数字登记错误，导致错账的产生，此时应使用划线更正法。具体操作方法是在错误的文字或者数字栏上通栏画单红线，然后在红线的上方记录正确的文字或者数字，并由出纳在更正处签字或者盖章，表明自己对此处的更改负责。

【例 3-17】某国际股份有限公司出纳在现金日记账上登记一笔 2019 年 3 月 11 日提取现金的经济业务时，将记账凭证中提取的现金额 45000 元，写成了 54000 元。后出纳发现此错误，用划线更正法更正错账。更正方法如表 3-28 所示（提示：由于本书采用黑白印刷，所以更正时画的红线以加粗的黑线表示）。

表 3-28　用划线更正法更正的现金日记账

2019年		凭证编号	摘要	借方								√	贷方									√	余额								
月	日			百	十	万	千	百	十	元	角	分		百	十	万	千	百	十	元	角	分		百	十	万	千	百	十	元	角	分
3	11	5	取现			4 5	5 4	0	0	0	0	0																				

画单红线时，必须将错误的文字或者数字栏通栏画红线，不能只画其中错误的文字或者数字，如上例中，将"45000"记做"54000"，

必须在"54000"上整个画单红线,不能只画"54"这个数字。

(2) 红字更正法

该方法主要在借贷方向记错以及所记金额大于应记金额时使用。出纳在填制记账凭证时,很可能将借方和贷方记反,但是金额无错误,此时更改应使用红字更正法。具体操作方法是用红字填制一张与原记账凭证完全相同的记账凭证,表示冲销原来错误的记账凭证,然后用蓝字填制一张正确的记账凭证,并据此登记账簿。

【例 3-18】接【例 3-5】,出纳根据提取现金的支票存根联填制记账凭证时,该会计分录被误记为:

借:银行存款   45000

    贷:库存现金   45000

出纳更正错误的记账凭证时,应用红字编制一张与原记账凭证完全相同的记账凭证,表示冲销原错误凭证,会计分录如下(提示:更正错账用红字或者蓝字更改,由于本书采用黑白印刷,因此没有显示):

借:银行存款   45000

    贷:库存现金   45000

然后用蓝字编制正确的会计分录并据此登记账簿,会计分录如下:

借:库存现金   45000

    贷:银行存款   45000

出纳在登记账簿时,所依据的记账凭证无错误,借贷方向也无误,只是所记金额大于实际应记金额,此时更改应使用红字更正法。具体操作方法是将多记的金额用红字编制一张记账凭证(其内容摘要以及借贷方向均与原记账凭证相同),以冲销多记的金额。

【例 3-19】接【例 3-17】,出纳对于此例中的错误,除可以用划线更正法外,还可以使用红字更正法,用红字将多记的金额填制一张凭证,以冲销多记的金额。会计分录如下(提示:更正错账用红字或者蓝字更改，由于本书采用黑白印刷，因此没有显示）：

  借：库存现金   9000

   贷：银行存款   9000

（3）补充登记法

出纳在登记账簿时，所依据的记账凭证无错误，借贷方向也无误，只是所记金额小于实际应记金额，此时更改应使用补充登记法。具体操作方法是将少记的金额用蓝字编制一张记账凭证（其内容摘要以及借贷方向均与原记账凭证相同），以补充少记的金额。

【例3-20】接【例3-5】，出纳根据记账凭证登记银行存款日记账时，误将金额记为4500元。更正的会计分录如下（提示：更正错账用红字或者蓝字更改，由于本书采用黑白印刷，因此没有显示）：

  借：库存现金   40500

   贷：银行存款   40500

3.2.6 账簿的更换及保管

会计年度终了时，无论现用账簿是否用完，次年都要更换新账簿。新账簿扉页要按规定填写完整，登记账簿时在新账页"摘要"栏注明"上年结转"字样，并将上年余额记入"余额"栏内，在此基础上即可登记新年度的账目。

把年度的账簿应整理好后，交由专门人员管理。一般会计账簿由本单位财务会计部门保管1年，期满之后，由财务会计部门编制清册移交本单位的档案部门保管。

现金日记账以及银行存款日记账应妥善保管，不得丢失或者随意销毁。根据《会计档案管理办法》，现金日记账以及银行存款日记账应保存30年。保管期满后，按照规定的审批程序报经批准后方可销毁。

3.3 票据的管理

出纳最重要的职责就是按照国家有关现金管理和银行结算制度的规定，办理现金收付和银行结算业务。熟悉银行的结算程序，无疑会让出纳的工作效率大大提高，从而提高企业的经济效益。

3.3.1 票据的概念及分类

票据其实是一种有价证券，由出票人签发，出票人或者委托其他人见票即无条件支付给持票人或者收款人确定的金额。票据可在企业间流通转让，具有一定的时限。

出纳在办理银行结算的过程中经常用到各种票据，其中包括汇票、本票、支票。

(1) 汇票

汇票是出票人签发的，委托付款人在见票时或者指定日期无条件支付确定的金额给收款人或者持票人的票据。汇票按照出票人不同，可以分为银行汇票和商业汇票。银行汇票的出票人是银行，其样式如图 3-8 所示。

商业汇票根据其承兑人不同，分为商业承兑汇票和银行承兑汇票。商业承兑汇票是由银行以外的付款人承兑的汇票，其样式如图 3-9 所示。

银行承兑汇票是由银行承兑的汇票，其样式如图 3-10 所示。

(2) 本票

本票是出票人签发的，自己在见票时即无条件支付给持票人或者收款人确定金额的票据。在我国本票主要指的是银行本票，其样式如图 3-11 所示。

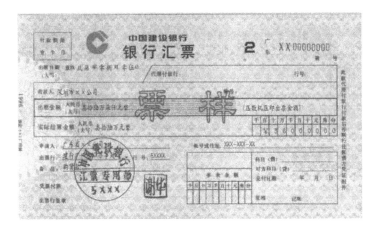

图 3-8　银行汇票样式

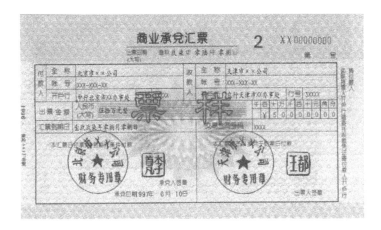

图 3-9　商业承兑汇票样式

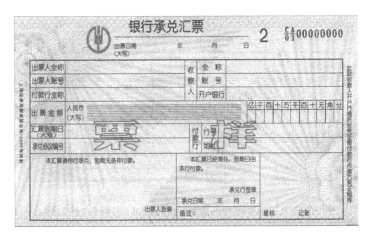

图 3-10　银行承兑汇票样式

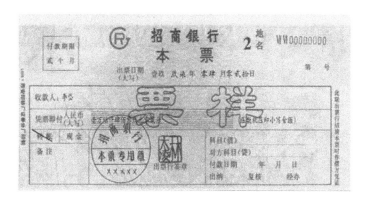

图 3-11 银行本票样式

(3) 支票

支票是出票人签发的，委托办理支票存款业务的银行在见票时无条件支付确定金额给持票人或者收款人的票据。支票主要分为现金支票和转账支票。现金支票主要用来提取现金，其样式如图 3-12 所示。

图 3-12 现金支票样式

企业在办理支付业务时，对于结算起点以上的经济业务，必须用转账支票结算，其样式如图 3-13 所示。

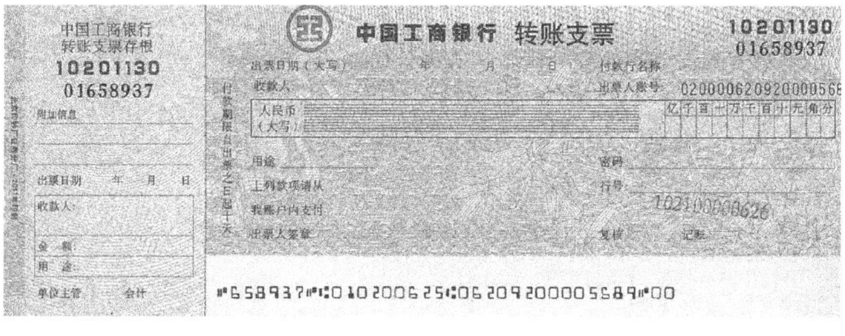

图 3-13 转账支票样式

3.3.2 票据行为

票据行为主要是指票据当事人以负担票据债务为目的的法律行为，其中包括出票、背书、承兑、参加承兑、保证以及保付。

- 出票。出票人在票据上填写相关内容并签名之后，出于本人意愿，出票人将票据交付给收款人。
- 背书。票据可以转让，其主要方法就是背书，即持票人将票据转让给他人。票据一经转让，票据的权利随之也被转让给被背书人。
- 承兑。持票人拿到发票人签发的汇票，为确定汇票到期时可以得到付款，在汇票到期前向付款人进行承兑提示。承兑人一旦签字承兑，就对汇票的到期付款承担法律责任。
- 参加承兑。由于种种原因，汇票可能得不到承兑，为阻止持票人在汇票到期日前对承兑人提起诉讼，预备付款人或者第三人代替承兑人进行承兑。
- 保证。这是除票据债务人以外的人为担保票据债务的履行，以负担同一内容的票据债务为目的的一种附属票据行为。
- 保付。支票一旦由付款人保付，即在支票上注明"照付"或"保付"字样，经签名后，付款人便负绝对付款责任，无论发生何种情况，付款人均必须按规定付款。

【例3-21】某国际股份有限公司出纳2019年4月1日签发给甲公司一张商业汇票，用以支付购买的原材料款项。

在此案例中，"某国际股份有限公司出纳签发汇票"就是出票行为，因为是支付应付账款，是出于公司的意愿，将汇票交给收款人甲公司。

【例3-22】接【例3-21】，甲公司将此汇票背书，转让给本公司的债权人乙公司。

在此案例中，甲公司的行为即为背书行为，由于票据可以转让，在汇票到期之前，甲公司可以将其背书转让给其他公司，同时，票据的权利也随之被转让给被背书人，即乙公司。

【例 3-23】接【例 3-22】，为了确定汇票到期可以得到付款，乙公司持此汇票到某国际股份有限公司进行承兑。

在此案例中，某国际股份有限公司的行为即为承兑。在此承兑过程中，某国际股份有限公司签字以后，则对其汇票的到期付款承担法律责任。

【例 3-24】接【例 3-23】，得到某国际股份有限公司许可之后，甲公司在票据上批注"参加承兑"字样和签名、日期。

在此案例中，甲公司的行为即为参加承兑。在由于种种原因，乙公司得不到某国际股份有限公司的付款时，由甲公司承担付款的义务。

【例 3-25】接【例 3-24】，某国际股份有限公司找来丙公司在此汇票上写上"保证"字样，并签章。

在此案例中，丙公司的行为即为保证行为，用以保证某国际股份有限公司有能力按时依据汇票付款。

3.3.3 票据转让

企业在经济业务中收到付款单位的票据时，只要是在付款期限内，即可将票据进行背书转让，就是票据持有人在票据背面批注签章，将票据转让给第三者的行为。银行承兑汇票背书如表 3-29 所示。

表 3-29 银行承兑汇票背书

被背书人	被背书人	被背书人	（粘单处）
背书人签章 年　月　日	背书人签章 年　月　日	背书人签章 年　月　日	

持票人向银行 提示付款签章：	身份证件名称： 号　　码： 发证机关：

票据持有人在背书转让时,须在"被背书人"处填写接受票据方全称,在"背书人签章"处加盖票据持有人的财务章以及人名章,并填写背书时的具体日期。

持票人去银行提示付款时,须加盖本企业或本人相关印章,并将信息填写完整。

注意:背书人在背书时必须把票据上的全部金额同时转让给同一个被背书人。只转让票据金额的一部分,或将票据金额分别转让给几个被背书人,这样的背书是无效的。

转让人一旦在票据上签名,就要承担以下两项义务:

- 须对包括转让人在内的所有后来取得该票据的人保证该票据必将得到付款。
- 须保证在他以前曾在该票据上签名的一切前手签字的真实性和背书的连续性。

【例3-26】在【例3-22】中,甲公司将某国际股份有限公司签发的汇票背书转让给乙公司,在此过程中,根据《票据法》,某国际股份有限公司必须保证能够让乙公司依据此汇票得到付款。

同时,在整个背书转让的过程中,某国际股份有限公司和甲公司有义务保证其出票签字以及背书签字的真实性,不真实的签字为无效背书,同时也就失去了票据背书的连续性。

受让人的权利如下:

- 受让人可以用自己的名义向付款人要求承兑、付款,也可以将票据再经背书转让给他人。
- 当票据遭到拒付时,受让人有权向其直接的转让人以及曾在票据上签名的其他转让人直至出票人进行追索。

【例3-27】在【例3-22】中,甲公司将某国际股份有限公司签发的汇票背书转让给乙公司,乙公司可以依据此汇票要求某国际股份有限公司按时付款,同时也可以在汇票到期前,将此汇票再次背书转让给其他公司。

如果乙公司在要求某国际股份有限公司按时付款时,遭到其拒绝,乙公司有权向甲公司以及某国际股份有限公司进行追索,要求其按时付款。

3.3.4 票据的保管

由于票据只要在票据提示付款期限内,无论持票人是谁,付款方都有责任及义务见票即付。为了不给企业造成巨大经济损失,票据的管理就显得尤为重要。

出纳在收到填制好的票据时,应尽早到银行办理相关结算手续,以免遗失票据,造成不必要的损失。

空白票据一般应登记在册,标明领用企业名称、领用时间、起止号码,并由领用人签字或盖章,再由专人保管。印章与票据尽量由不同的人来保管,以明确责任,相互制约,防止舞弊行为的发生。空白票据必须妥善保管,以免发生非法使用和盗用、遗失等情况,给国家和企业造成不必要的经济损失。

对于作废的票据,应加盖"作废"章,正联和存根联一起保管,不得私自撕毁或者丢弃。

【例3-28】某国际股份有限公司出纳在提取现金时,支票正联不慎写错一处,支票被作废。出纳看支票不能再用,就直接将作废的支票撕毁。

分析上述案例中出纳的做法是否正确,并说明原因。

解答:上述案例中出纳的做法是错误的。根据票据保管的相关规定,对于作废的票据,应加盖"作废"章,正联和存根联一起保管,不得私自撕毁或者丢弃。出纳应将作废的支票加盖"作废"章,并登记在册，妥善保管，以备以后查账时使用。

3.3.5 票据遗失

持有“银行汇票”“商业汇票”“银行本票”“支票”的单位和个人因保管不善，致使票据丢失、被盗或丧失，持票人可以到付款处挂失止付，并在挂失止付后向人民法院申请公示催告；也可以直接向法院申请公示催告。但是，由于票据种类不同，有的票据不允许挂失止付。

其中，允许挂失止付的票据有填明“现金”字样和代理付款人的银行汇票、填明“现金”字样的银行本票、要素填写齐全的支票、已承兑的商业汇票。其余的则不允许挂失止付。

3.3.6 支票的购买

现金支票以及转账支票使用完时，需要企业自行去开户行购买。购买转账支票时，出纳需要携带《购买支票专用证》、本人身份证、企业财务章以及人名章；购买现金支票时，除携带以上材料外，还需要出示企业在开户行的《开户许可证》。填写银行收费凭条，如图 3-14所示。

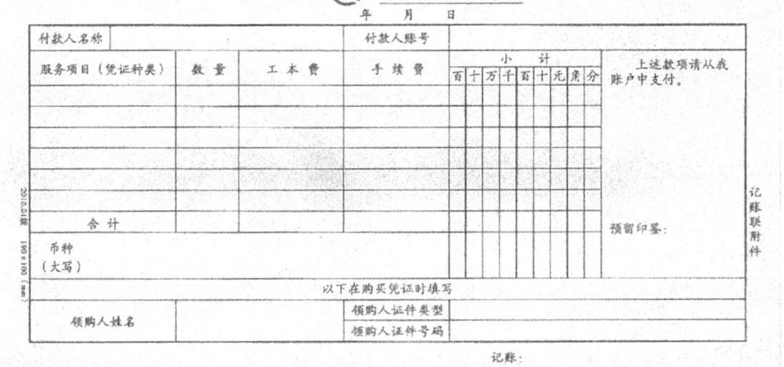
ICBC 中国工商银行 收费凭条
年 月 日
付款人名称 付款人账号
服务项目（凭证种类） 数量 工本费 手续费 小计 百 十 万 千 百 十 元 角 分
上述款项请从我账户中支付。
合计
币种（大写）
预留印鉴：
以下在购买凭证时填写
领购人姓名 领购人证件类型 领购人证件号码
记账：
记账联附件
2010.01版 190×100（mm）

图 3-14 收费凭条

填写收费凭条的程序如下：填写购买支票的日期、企业名称以及开户账户；根据购买支票的实际情况在"服务项目"处填写"转账支票"或者"现金支票"；分别填写购买支票本的"数量""工本费"（购买单本转账支票的工本费为 30 元整，购买单本现金支票的工本费为 20 元整）；根据购买的数量填写"手续费"；"小计"以及"合计"处填写手续费小写金额；"币种"处填写工本费总金额的大写；"预留印鉴"处加盖企业财务章以及人名章。

提交以上所有资料给银行办事人员，审核完成后，输入购买支票时使用的密码，领取新支票，打印支票密码，新支票即可投入使用。

第4章 现金管理和现金收支

现金作为企业流动资产的重要组成部分,在企业运转过程中,有着举足轻重的地位。现金的流入以及流出,是企业进行经济活动的一种表现形式。管理好现金,保持现金收支的平衡,为企业正常运营,创造经济利益提供了保障。

4.1 现金管理

现金是企业经营过程中流动性最强的资产,同时也是最容易流失的资产,为保持企业的正常经营,加强现金管理,对于企业以及国家都有着重要意义。

4.1.1 现金管理概述

现金,狭义上讲即库存现金,是指存放于企业财会部门,由出纳人员经管的货币,包括库存的人民币以及各种外币。库存现金作为企业资产的重要组成部分,主要用以购买所需物资,支付日常零星开支,偿还债务等,其特点是流动性很强。现金管理是出纳管理工作的一项重要内容,其中包括现金的收支、提取、送存、保管以及清查。

4.1.2 现金管理的原则

依据《现金管理暂行条例》,现金管理的基本原则如下:

- 开户企业库存现金一律实行限额管理。
- 不准擅自坐支现金。坐支现金容易打乱现金收支渠道,不利于开户银行对企业的现金进行有效的监督和管理。
- 企业收入的现金不准作为个人储蓄存款存储。
- 收入现金应及时送存银行。企业的现金收入应于当天送存开户银行,确有困难的,应由开户银行确定送存时间。
- 严格按照国家规定的开支范围使用现金,结算金额超过起点的,不得使用现金。
- 不准编造用途套取现金。企业在国家规定的现金使用范围和限额内需要现金,应从开户银行提取,提取时应写明用途,不得编造用途套取现金。

- 企业之间不得相互借用现金。

【例 4-1】2019 年 2 月 1 日，某国际股份有限公司收到员工王明还回预借公司的现金 10000 元，由于开户银行比较远，出纳就将钱暂时存在自己的储蓄卡里。第二天，公司要购买一台价值 10000 元的电脑，出纳直接用王明前一天还的钱支付了这笔款项。

上述案例中，出纳的做法是否正确？具体说明原因。

解答：出纳的做法不正确。原则中规定"企业收入的现金不准作为个人储蓄存款存储"，"企业现金收入应及时送存开户银行，确有困难的，应由开户银行确定送存时间"，"不准擅自坐支现金"，"结算金额超过起点的，不得使用现金"。

4.1.3 现金管理制度

开户企业可以在下列范围内使用现金：

- 职工工资、津贴，个人劳务报酬。
- 根据国家规定颁发给个人的科学技术、文化艺术、体育等各种奖金。
- 各种劳保、福利费用以及国家规定的对个人的其他支出。
- 向个人收购农副产品和其他物资的价款。
- 出差人员必须随身携带的差旅费。
- 结算起点以下的零星支出。按规定结算起点为 1000 元，超过结算起点的，应通过银行转账结算。
- 中国人民银行确定需要支付现金的其他支出。
- 开户银行应当根据实际需要，核定开户企业 3～5 天的日常零星开支所需的库存现金限额。远离银行或者交通不便的企业，可酌情适当放宽，但最高不可超过 15 天的开支需求。

【例 4-2】2019 年 2 月 28 日，某国际股份有限公司购买一台价值 2700 元的打印机，出纳用现金支付。

上述案例中，出纳的做法是否正确？具体说明原因。

解答：出纳的做法是错误的。根据现金使用范围的规定，"超过现金结算起点 1000 元的，应通过银行转账结算"。

【例 4-3】某国际股份有限公司开户行为其核定的库存现金限额为 10000 元，但是因为在工作中使用现金频繁，出纳为方便工作，一般给保险柜留存 50000 元，方便取用，也不用经常去银行提现。

上述案例中，出纳的做法是否正确？具体说明原因。

解答：出纳的做法是错误的。根据现金使用范围的规定，"开户银行应当根据实际需要，核定开户企业 3～5 天的日常零星开支所需的库存现金限额。远离银行或者交通不便的企业，可酌情适当放宽，但最高不可超过 15 天的开支需求"。所以，出纳的做法是错误的，出纳每天在保险柜留存的现金应该在 10000 元以内，对于超出现金限额的部分，出纳应及时送存银行。

4.2 现金收支

现金收支即现金的收入和支出，是企业资金周转的过程。企业要想正常运营并创造经济利益，现金收支就必须要保持平衡，这样才能提高资金使用效率，防范资金风险。

4.2.1 现金收支的原则

为了加强现金收支手续，出纳与会计人员必须分清责任，严格执行账、钱、物分管的原则，相互制约。

- 出纳人员和会计工作人员必须严格执行"钱账分管"制度。

现金的收付保管应由出纳人员负责办理，非出纳人员不得经管现金。

- 一切现金收入都应开具收款收据，以防差错与作弊。
- 企业库存现金入账，当天必须送存银行，如收进的现金是银行当天停止收款以后发生的，也应在第二天送存银行。当日送存确有困难的，应取得开户银行同意，按双方协商的时间送存。
- 一切现金支出都要有相关凭证，由经办人签名，经主管和有关人员审核后，出纳人员才能据以付款，在付款后，应加盖"现金付讫"戳记，妥善保管。
- 严格执行现金清查盘点制度，保证现金安全。出纳人员每天盘点现金实有数，与现金日记账的账面余额核对，保证账实相符。企业会计部门必须定期或不定期地进行清查盘点，及时发现或防止差错以及挪用、贪污、盗窃等不法行为的发生。如果出现长短款，必须及时查找原因。

【例4-4】某国际股份有限公司出纳进行现金清查，发现实际现金比现金账目短缺31.9元。由于金额较小，出纳未做任何处理。后由于出纳人员离岗，现金的收付及保管暂时由会计来负责。

上述案例中，出纳的做法是否正确？具体说明原因。

解答：出纳的做法是错误的。根据现金收支原则，"企业会计部门必须定期或不定期地进行清查盘点，及时发现或防止差错以及挪用、贪污、盗窃等不法行为的发生。如果出现长短款，必须及时查找原因"，"现金的收付保管应由出纳人员负责办理，非出纳人员不得经管现金"。

4.2.2 现金收支的规定

由于企业现金流动性比较强，为了有效控制企业内部资金的流动，创造最大经济效益，现金的收支必须按照规定来执行。

- 企业的现金收入应于当日送存开户银行。当日送存银行有困难的,由开户银行确定送存时间。
- 不坐支现金。所谓坐支,是指用收入的现金直接办理现金支出。本企业支出现金,应从库存现金限额中支取,或者从银行提取,不得从本企业的现金收入中直接支付。
- 企业借出现金必须执行严格的授权批准程序,严禁擅自挪用、借出现金。
- 企业从开户银行提取现金,应当如实写明用途,由本企业财会部门负责人签字盖章,并经开户银行审批后予以支付。
- 企业取得的现金收入必须及时入账,不得私设"小金库",不得账外设账,严禁现金收入不入账。

【例 4-5】某国际股份有限公司员工李伟因有事预借公司现金1000元并保证次日归还,出纳觉得金额较小,便未让李伟出示任何证据,就将公司售卖废旧电脑所得1000元直接支付给李伟。

上述案例中,出纳的做法是否正确?具体说明原因。

解答:出纳的做法是错误的。根据规定,"企业的现金收入应于当日送存开户银行","本企业支出现金,应从库存现金限额中支取,或者从银行提取,不得从本企业的现金收入中直接支付","企业借出现金必须执行严格的授权批准程序,严禁擅自挪用、借出现金"。

4.2.3　现金的提取

企业从开户银行提取的现金,是企业现金支付的重要来源。提取现金时,首先要填写现金支票。现金支票样式如图 4-1 和图 4-2 所示(以中国工商银行现金支票为例)。

现金支票的填写方法如下:

在支票存根栏,填写相关信息,用以做账;支票正联,"出票日

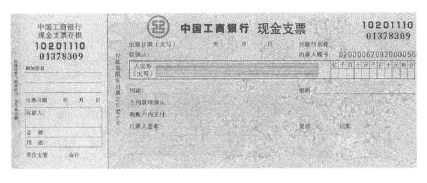

图 4-1 中国工商银行现金支票正面

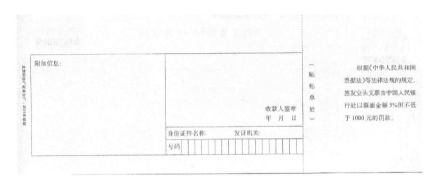

图 4-2 中国工商银行现金支票背面

期"即为提取现金日期，必须为大写；"收款人"处填写本企业全称；"用途"可写"备用金""工资"或者"差旅费"；在相应位置填写所取金额的大小写；在"密码"处填写支票对应的密码；在"出票人签章"处加盖企业财务章以及人名章；支票背面填写"附加信息"（根据取现的用途，"工资"以及"备用金"，"附加信息"则不用填写；用途为"差旅费"时，"附加信息"处填写出差原因）；"收款人签章"分别加盖财务章及人名章；将填写好的现金支票递交开户行取现窗口的工作人员，经过工作人员审核，确定支票无误后，即可提取现金。

注意：备用金必须按照银行核定的金额来写，每周最多可取两次；差旅费提取每次最多不可超过人民币 50000 元，超过 50000 元，企业必须出具加盖公章的证明；提取的现金用途为"差旅费"时，背面附加信息处，按照每人 1000 元的标准，写明几人去往何处几天。

4.2.4 现金收支的核算

根据账户的性质，库存现金属于资产类会计科目，在资产类会计科目中，增加记借方，减少记贷方，期末余额在借方。即企业收到现金，则库存现金记借方；企业支出现金，则库存现金记贷方，剩余的库存现金记在借方，表示出纳实际持有的现金金额。

(1) 现金收入的核算

库存现金收入是企业在日常生产经营活动或非生产经营活动中取得的现金，它的核算应以收入的原始凭证为依据，包括发票、行政事业性专用收据以及内部收据等。

【例 4-6】某国际股份有限公司提取现金 40000 元。编制会计分录如下：

借：库存现金　　　　　　　　40000
　　贷：银行存款　　　　　　　40000

【例 4-7】某国际股份有限公司出售公司废品，收入现金 300 元。编制会计分录如下：

借：库存现金　　　　　　　　300
　　贷：其他营业收入　　　　　300

【例 4-8】某国际股份有限公司收到职工退回差旅费 500 元。编制会计分录如下：

借：库存现金　　　　　　　　500
　　贷：其他应收款　　　　　　500

【例 4-9】某国际股份有限公司收回甲公司所欠的零星货款 850 元。编制会计分录如下：

借：库存现金　　　　　　　　850
　　贷：应收账款　　　　　　　850

【例 4-10】某国际股份有限公司收回职工借款 1500 元。编制会计分录如下：

  借：库存现金   1500

   贷：其他应收款   1500

【例 4-11】某国际股份有限公司收到保险公司理赔的款项 980 元。编制会计分录如下：

  借：库存现金   980

   贷：其他应收款   980

【例 4-12】某国际股份有限公司收回报废产品的变价收入 1900 元。编制会计分录如下：

  借：库存现金   1900

   贷：其他业务收入   1900

【例 4-13】某国际股份有限公司工会收到市工会组织送温暖 5000 元。编制会计分录如下：

  借：库存现金   5000

   贷：营业外收入   5000

【例 4-14】某国际股份有限公司收到股东投资的 100000 元现金。编制会计分录如下：

  借：库存现金   100000

   贷：实收资本   100000

【例 4-15】某国际股份有限公司基层工会收取个人会费 3000 元。编制会计分录如下：

  借：库存现金   3000

   贷：会费收入   3000

【例 4-16】某国际股份有限公司员工王明报销差旅费 1500 元，交回剩余的 500 元。编制会计分录如下：

借：管理费用	1500
库存现金	500
贷：其他应收款	2000

(2) 现金支出的核算

库存现金支出是企业在日常生产经营活动或非生产经营活动中向外支付的现金，它的核算应以库存现金支出的原始凭证作为依据。

【例4-17】某国际股份有限公司用库存现金600元购买办公用品。编制会计分录如下：

借：管理费用	600
贷：库存现金	600

【例4-18】某国际股份有限公司以库存现金40000元发放职工工资。编制会计分录如下：

借：应付职工薪酬	40000
贷：库存现金	40000

【例4-19】某国际股份有限公司向银行送存库存现金3000元。编制会计分录如下：

借：银行存款	3000
贷：库存现金	3000

【例4-20】某国际股份有限公司预借给员工王明差旅费2000元。编制会计分录如下：

借：其他应收款——王明	2000
贷：库存现金	2000

【例4-21】某国际股份有限公司支付公司话费1560元。编制会计分录如下：

借：管理费用	1560
贷：库存现金	1560

【例 4-22】某国际股份有限公司发生业务招待费 5700 元。编制会计分录如下：

借：管理费用—业务招待费　　5700

贷：库存现金　　5700

【例 4-23】某国际股份有限公司为员工补缴社保共计 3700 元。编制会计分录如下：

借：应付职工薪酬—社会保险　　3700

贷：库存现金　　3700

【例 4-24】某国际股份有限公司为员工发放高温补贴共计 27000 元。编制会计分录如下：

借：应付职工薪酬—高温补贴　　27000

贷：库存现金　　27000

【例 4-25】某国际股份有限公司一车间报销日常管理支出费用 2700 元。编制会计分录如下：

借：制造费用　　2700

贷：库存现金　　2700

4.3　现金报销

企业员工处理经济业务时，有时需要出差到外地，因此就会产生一些费用，如路费、业务招待费、住宿费等。根据现金管理制度，为方便使用，企业员工出差时应携带现金。出差回来后，实行报销制，实报实销、多退少补。

一般企业的报销流程如下：

（1）报销人员持有的需要报销的票据必须是完整、真实、合法的原始票据，由报销人员将需要报销的票据整理好，按照同类票据粘贴在一起的原则，认真粘贴在 120mm×210mm 的《原始凭证报销粘贴单》上。粘贴时，从右至左，先贴小票面，再贴大票面，尽量让每张原始票据的右边缘都露出来，方便出纳及会计审核时翻阅。粘贴时，原始票据的最左缘和最上缘不可超过粘贴单的边缘。

（2）依据已粘贴好的原始票据，认真填写费用报销单上的各个项目，并汇总出报销总金额。员工出差归来后，将出差时所花费用单据分类整理好，并据此填写费用报销单，由主管领导及单位负责人填写审核意见后，员工持此单据到出纳处领取报销的费用，费用报销单的样式如表 4-1 所示。

表 4-1 费用报销单的样式

费用报销单

报销日期		年 月 日		附件 张
费用项目	类别	金额	负责人（签章）	
			审核意见	
			报销人（签章）	
报销金额合计			¥	
核实金额（大写）	仟 佰 拾	元 角 分	¥	
借款数	应退金额	应补金额		
	复核		出纳	

（3）将出差前申请出差费用的旅费申请单、费用报销单以及粘贴好的《原始凭证报销粘贴单》递交给相关领导审核批准并签字。费用报销单的填写如表 4-2 所示。

【例 4-26】某国际股份有限公司员工魏征于 2019 年 4 月 3 日出差回来报销，其费用明细如下：办公用品 200 元，交通费 750 元，市内交通费 135 元，业务招待费 1700 元，住宿费 1200 元，火车票订票费 100 元，所有票据共计 13 张，魏征出差前预借差旅费 3000 元，根据相关凭单，填写费用报销单如表 4-2 所示。

（4）拿签好字的费用报销单及需要报销的原始票据到出纳处进行

报销,领取报销款项。

表 4-2　费用报销单的填写

费用报销单

报销日期 2019 年 4 月 3 日　　　　　　　　　附件 13 张

费用项目	类别	金额	负责人(签章)	
办公用品		200.00	审核意见	
交通费		750.00		
市内交通费		135.00	报销人(签章)	魏征
业务招待费		1700.00		
住宿费		1200.00		
火车票订票费		100.00		
报销金额合计			￥4085.00	
核实金额(大写)	仟　　佰　　拾　　元　　角　　分　￥			
借款数:￥3000.00	应退金额		应补金额￥1085.00	

复核　　　　　　　　　　　出纳

注意:所有报销的原始票据均为完整、真实、合法的票据;票据的产生是合理的,没有铺张浪费;超出预算的部分得到上级领导的批准后方可报销,否则超出部分费用自付;报销应及时,当月票据尽量当月报销。对于不符合规定的报销单据,财务应退回报销单并注明原因。对此,报销人员必须作出补充说明。

4.4　备用金的核算

企业具备一定规模时,为了方便各部门的报销、零星支出等业务,减少企业财务部门的工作量,按规定每月会给各部门一定额度的备用金,由各部门自由支配,月底到财务部门一次性报销。在备用金的核算中,一般通过其他应收款来核算。

【例 4-27】某国际股份有限公司对一车间实行定额备用金制度,定额 3000 元。一车间月初领取备用金时,编制会计分录如下:

借:其他应收款——备用金——一车间　3000

　贷:库存现金　　　　　　　　　　　　3000

【例 4-28】月底，一车间凭相关票据等到财务部门报销，报销总金额为 1300 元，财务部门审核准予报销，并以库存现金补足一车间备用金定额。编制会计分录如下：

借：管理费用　　　　　　　　　　1300
　　贷：库存现金　　　　　　　　　　1300

4.5　现金的送存

各单位必须按照开户银行核定的库存限额保管、使用现金。在日常经营活动中，如有现金收入和超出库存限额的现金，应及时送存银行。其程序如下：

出纳人员清点完钞票，将钞票按纸币、硬币、票面的大小，分门别类整理好，纸币按每百张为一捆捆好。不够整捆的，按从大额到小额的顺序放。硬币每五十枚或一百枚用纸卷卷成一卷，不足一卷一般不用送存，用来找零。款项清点完毕并整理归类码好后，出纳应填写"现金送款簿"，在填写"现金送款簿"时，要按规定如实填写有关内容，包括收款单位名称、款项来源、开户行名称、科目账号、送款日期等。填写完成后，应将"现金送款簿"连同现金一起送存银行。现金送款簿的样式如表 4-3 所示。

表 4-3　现金送款簿的样式

中国工商银行××市分行现金送款簿　　分号

交款日期　　年　月　日

收款单位		开户银行									
		科目账号									
款项来源		金额									
		百	十万	千	百	十	元	角	分		
人民币（大写）											
券别 数额	100元	50元	十元	五元	二元	一元	五角	二角	一角	五分	二分	一分	合计金额	收款银行盖章
整把券													
零张券													

会计　　　复核　　　记账　　　收款复核　　　收款员

4.6　现金的保管

库存现金是企业内流动性最强的货币资产，如果保管不当的话，就会成为最易丢失的货币资产。所以，企业应当制定完备的现金保管制度，防止犯罪分子乘虚而入。一般现金的保管应遵照以下几项规定：

- 出纳人员办公室应配备质量较好的保险柜，用以保存库存现金额度内的现金，不得放在办公桌内过夜。
- 超出库存限额以外的现金应及时送存银行。如果实在无法及时送存，也应与银行做好沟通，确定好送存时间，第二天再送存。
- 单位的库存现金不得以私人名义存入银行，防止出现以公谋私的情况。
- 每天下班前出纳人员应清点库存现金，并和现金日记账核对，做到账实相符。

4.7　现金的清查

出纳人员对于企业的库存现金，应该做到日清月结。每天下班前清点库存现金，与现金日记账核对。

对于企业定期或者不定期的现金清查，现金清查小组应在出纳人员在场的情况下进行现金清点，账实核对，并根据清查结果填制"现金盘点报告单"（如表 4-4 所示），注明现金实存数与现金日记账账面余额。

对于账实不符的情况，清查小组应查明原因，报告主管负责人或者上级领导。库存现金清查中出现的待查明原因的库存现金短缺或者溢余，应该按照下面的方式来核算。

表 4-4 现金盘点报告单

	面值	数量	金额	盘点异常及建议事项
现金及周转零用金				
				盘点结果及要点报告
小计				
其他项目:未核销费用				
员工借支				
总计				
账面数				
盘盈(盘亏)				在列款项及票据于 年 月 日盘点时本人在场,并如数归还无误。
项目	张数	金额	盘点数	盘盈(亏)
应收票据:代收				
库存				保管人:
应收保证票据				盘点人:
合计				

【例 4-29】某国际股份有限公司在现金清查中,发现实存数比账面余额多 200 元。会计分录如下:

借:库存现金　　　　　　　　200
　　贷:待处理财产损溢　　　　200

【例 4-30】接【例 4-29】,经核查 200 元应支付给员工李纨。会计分录如下:

借:待处理财产损溢　　　　　200
　　贷:其他应付款——李纨　　200

【例 4-31】接【例 4-29】,核查后原因不明,经批准作为营业外收入。会计分录如下:

借:待处理财产损溢　　　　　200
　　贷:营业外收入　　　　　　200

【例 4-32】某国际股份有限公司在现金清查中,发现库存现金实存数短缺 500 元。会计分录如下:

借:待处理财产损溢　　　　　500
　　贷:库存现金　　　　　　　500

【例 4-33】接【例 4-32】，核查后应由出纳员王小小赔偿。会计分录如下：

借：其他应收款——出纳员王小小　　　500

　贷：待处理财产损溢　　　　　　　　　　500

【例 4-34】出纳员王小小交回赔款时，会计分录如下：

借：库存现金　　　　　　　　　　　500

　贷：其他应收款——出纳员王小小　　　500

【例 4-35】接【例 4-32】，核查后原因不明，应作为管理费用处理。会计分录如下：

借：管理费用　　　　　　　　　　　500

　贷：待处理财产损溢　　　　　　　　　　500

第5章 银行存款与结算

银行存款是企业货币资产的重要组成部分。企业除按规定的库存限额留存一部分现金以备日常零星开支外,其余的货币资金都应进入银行存款来结算;企业与其他企业之间发生的经营性往来款项,除结算起点以内的部分,其他款项也都通过银行存款来结算。

5.1 银行存款账户的管理

银行存款收付业务由企业出纳人员专职办理。管理好银行存款账户,掌握银行存款的结算程序,才能有效节约办事时间,提高工作效率。

5.1.1 银行存款账户管理原则

根据《银行账户管理办法》的规定,银行账户管理遵守以下基本原则:

(1) 一个基本账户原则。即存款人只能在银行开立一个基本存款账户,不能多头开立基本存款账户。存款人在银行开立基本存款账户,实行由中国人民银行当地分支机构核发开户许可制度。

(2) 自愿选择原则。即存款人可以自主选择银行开立账户,银行也可以自愿选择存款人开立账户。任何单位和个人不得强制干预存款人和银行开立或使用账户。

(3) 存款保密原则。即银行必须依法为存款人保密,维护存款人资金的自主支配权。除国家法律规定和国务院授权中国人民银行总行的监督项目外,银行不代任何单位和个人查询、冻结、扣划存款人账户内存款。

5.1.2 银行存款账户的种类

银行存款账户分为基本存款账户、一般存款账户、专用存款账户和临时存款账户。

- 基本存款账户主要是为企业办理日常转账结算和库存现金收付业务。企业日常生产经营活动过程中的业务收入、员工工资和奖金的支付、与合作企业往来款项的结算以及库存现金的支取都通过这个账户。

- 一般存款账户是存款人因借款或其他结算需要，在基本存款账户开户银行以外的银行营业机构开立的银行结算账户。该账户可以办理库存现金缴存，但不能提取库存现金。主要用于办理企业借款转存、借款归还以及其他结算的资金收付。

- 专用存款账户是企业按照法律、行政法规和规章制度开立的，专门用于管理特定用途资金的银行结算账户。

- 临时存款账户是企业因临时需要并在规定期限内使用而开立的银行结算账户，用于办理临时经营活动发生的资金收付。

5.1.3 开立银行存款账户的条件

根据《银行账户管理办法》，企业应按照自身实际情况办理银行存款账户的开立。

- 下列存款人可以申请开立基本存款账户：企业法人；企业法人内部单独核算的单位；管理财政预算资金和预算外资金的财政部门；实行财政预算管理的行政机关、事业单位；县级（含）以上军队、武警单位；外国驻华机构；社会团体；单位附设的食堂、招待所、幼儿园；外地常设机构；私营企业、个体经济户、承包户和个人。

- 下列情况，存款人可以申请开立一般存款账户：在基本存款账户以外的银行取得借款的；与基本存款账户的存款人不在同一地点的附属非独立核算单位。

- 下列情况，存款人可以申请开立临时存款账户：外地临时机构；临时经营活动需要的。

- 下列资金，存款人可以申请开立专用存款账户：基本建设的资金；更新改造的资金；特定用途，需要专户管理的资金。

5.1.4 开立银行存款账户的流程

企业开立基本户应该遵循就近开立的原则来选择相应的银行，开立基本户时要带的资料如下：

- 公司营业执照正本复印件贰份。
- 公司备案公章或备案财务章、人名章。
- 法人身份证复印件贰份。
- 法人授权书。
- 经办人身份证复印件贰份。

注意：以上资料均用 A4 纸复印并在复印件上加盖企业公章，同时还应携带原件，以备银行柜台人员核对。

企业开立银行存款账户基本户的流程如图 5-1 所示。

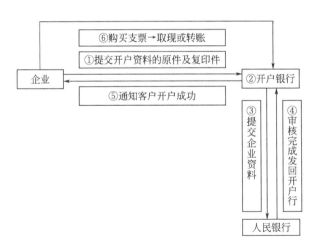

图 5-1 开立银行基本户流程图

企业开立银行存款账户基本户后，如需要开通其他相关银行存款账户，应填制开户申请书，提供相应的证明文件，送交盖有存款人印章的印鉴卡片，经银行审核同意后，即可开立该账户，其程序与开立银行存款账户基本户的程序基本相同。

5.1.5 银行存款账户的变更、迁移、合并和撤销

(1) 变更银行存款账户

开户单位由于人事变动或其他原因需要变更单位财务专用章的，应填写"更换印鉴申请书"，并出具有关证明，经银行审核同意后，填写新的印鉴卡片，并注销原预留的印鉴卡片。

单位需要变更银行存款账户时，企业应向银行提交法人批准的相关文件以及工商行政管理部门登记注册的新营业执照，经银行审核后，变更账户名称，或撤销原账户，重新开立新账户。

(2) 迁移银行存款账户

单位如果发生办公地点或经营地点变更，按照就近开立银行基本户的原则，企业可以到原开户银行办理迁移账户手续。迁出和迁入如果在同一城市，可以凭迁出银行出具的凭证到迁入银行开立新账户。异地搬迁时，企业应按规定到迁入银行重新办理新开户手续。搬迁过程中，由于需要可要求原开户银行暂时保留原账户。但企业在迁入地恢复经营活动时，则必须在一个月内到原开户银行结清原银行账户。

(3) 合并和撤销账户

企业在经营过程中，可能会遇到机构调整、合并、撤销以及停业等，此时需要合并和撤销账户的，应及时向银行提出申请，经银行审核同意后，与银行核对账户余额并结算全部利息，全部核对无误后开出支取凭证结清余额，同时将未用完的各种重要空白凭证交给银行注销，然后才可办理撤销、合并手续。由于撤销账户单位未交回空白凭证而产生的一切问题应由撤销单位自己承担责任。

开户银行为节约成本，对于连续一年以上无收付业务发生的账

户，经过调查确认该账户确实无须继续保留，即可通知开户企业办理银行销户手续。开户企业接到通知后，一个月内必须办理，逾期则被视为自动销户，存款账户余额被银行作为其收益。

同时，银行还对银行存款账户余额较少的企业，收取小额存款管理费，以降低银行管理成本。以中国工商银行为例，当开户企业银行存款账户余额不足 500000 元时，银行每季度收取企业 90 元的小额存款管理费用，费用直接从银行账户扣除。

5.2 银行存款管理

为保证企业的银行存款能够正常办理收支手续，保证其被合法使用，保证其安全性，凡开通银行存款账户的企业，必须严格执行《银行账户管理办法》的相关规定，规定如下：

- 对于超过结算起点的往来款项，应用银行存款来办理结算业务。
- 公司银行账户开户以及账户日常管理都由出纳负责。
- 企业经济活动所发生的一切货币收支业务，除按条例中规定的可以使用现金直接支付的款项外，其他都必须按银行结算办法的规定，通过银行存款账户进行转账结算。
- 每月收到银行出具的银行存款对账单时，应当和企业银行存款日记账认真核对，保证账账相符。
- 妥善保管各种票据，票据一旦遗失，必须及时到银行办理挂失手续，造成损失的，应追究相关人员责任。
- 企业开立的银行存款账户，只可用于本企业的经济业务办理，不得将账户转借或者租给其他企业。

【例 5-1】某国际股份有限公司出于客户关系方面的考虑，代甲公司收取一笔 200000 元的款项，款项直接打入某国际股份有限公司的银行账户。

分析上述案例中的相关做法是否正确,并说明原因。

解答:上述案例中某国际股份有限公司的做法是错误的。根据《银行账户管理办法》的相关规定,"企业开立的银行存款账户,只可用于本企业的经济业务办理,不得将账户转借或者租给其他企业",所以,企业上述做法是错误的。甲公司应自己开立相关银行存款账户,进行往来款项的核算。

5.3 银行存款结算

银行结算即企业发生经济业务活动时,用其银行存款账户以转账的方式来办理支付业务的一种结算程序。银行结算和现金结算分别为企业结算的两种方式。企业的往来款项比较大时,银行结算较之现金结算更方便、安全一些。

5.3.1 银行存款结算的基本要求

银行结算过程中,涉及的环节比较多,一步操作错误的话,就会给整个结算程序带来很大的麻烦。为保证银行结算的顺利进行,企业办理银行结算时,必须遵守以下基本要求:

- 结算时必须遵守国家法律、法规以及银行结算中的规定。
- 经济业务结算时,对于超过结算起点的往来款项,应用银行存款来办理结算业务。
- 办理银行结算时,企业银行账户必须有足够的资金。
- 不准签发空头支票和远期支票,不准套取银行信用。
- 企业办理结算时,由于填写票据、丢失票据等造成企业经济损失的,由企业自行负责。

- 不得将企业银行存款转入或存入个人银行账户结算。

【例5-2】某国际股份有限公司以转账支票的形式支付给甲公司一笔款项，甲公司持票去开户行办理支票入账时发现，某国际股份有限公司账户余额不足，不能办理支付业务。

分析上述案例中相关做法是否符合规定，并说明原因。

解答：上述案例中某国际股份有限公司的做法是错误的。根据相关规定，"办理银行结算时，企业银行账户必须有足够的资金"，某国际股份有限公司在其账户余额不足的情况下，不应开具转账支票给甲公司。

5.3.2 银行存款结算的基本原则

银行结算的每一笔业务都会影响到两个或两个以上的当事人，为避免当事人之间由于结算方式而出现纠纷，必须制定统一的银行结算原则，所有当事人都要遵守这些原则，维持正常的银行结算程序。基本原则如下：

- 恪守信用，履约付款。企业在经济业务中一般与合作伙伴之间达成双方协议，协商好交货及付款方式，一般都是先交货后收款或者先收款后交货，这就需要双方恪守信用。一方按时交货，一方按时付款。只有这样，才能维持经济市场的正常运转，企业也才能发展壮大。
- 谁的钱进谁的账，由谁支配。企业在银行开户，银行按照法律规定，有义务保护企业账户资金的安全。企业要求开户银行将款项付给谁，银行就有义务按照企业的要求转账到相应账户中；企业对于开户银行账户中的资金，有权进行自主支配。未经企业要求，银行不得自作主张，如代扣款项、银行账户查询等。

- 银行不垫款。银行在企业经济业务结算过程中,只起到中介的作用,即将作为付款方的企业存在银行账户中的款项转到收款企业账户中,银行不为任何单位垫资,否则就违反了《支付结算办法》中银行不垫款的规定。

【例 5-3】某国际股份有限公司出纳发现 2019 年 4 月 6 日,公司开户银行扣了一笔 500 元的款项,追查之后发现这是银行代扣的一笔款项,但是企业并未就此进行过委托。

分析上述案例中相关做法是否符合规定,并说明原因。

解答:上述案例中银行的做法是错误的。根据银行存款结算的基本原则,"未经企业要求,银行不得自作主张,如代扣款项、银行账户查询等",所以,只有经过企业委托的业务,银行才可代扣代缴。

【例 5-4】接【例 5-2】,某国际股份有限公司在其开户银行账户余额不足的情况下,要求其开户行帮忙先垫付这笔款项,银行予以拒绝。

分析上述案例中相关做法是否符合规定,并说明原因。

解答:上述案例中银行的做法是符合相关规定及原则的。根据银行存款结算的基本原则,"银行不为任何单位垫资,否则就违反了《支付结算办法》中银行不垫款的规定"。所以,此情况下,企业应增加其银行存款账户的资金,余额足够之后再开具转账支票支付所欠账款。

5.3.3 银行存款收支的核算

企业银行存款账户不仅结算企业的经营收入以及与其他企业之间的往来款项,还包括出纳送存银行的库存现金等相关经济业务。企业应根据不同转账结算方式下银行存款收支的原始凭证,编制银行存款收付款凭证,并进行核算。

根据账户的性质,银行存款账户属于资产类会计科目,在资产类会计科目中，增加记借方，减少记贷方，期末余额在借方。即企业收到银行存款，则银行存款记借方；企业支出银行存款，则银行存款记贷方，剩余的银行存款记在借方，表示企业实际银行存款账户中的余额。

(1) 银行存款收入的核算

【例5-5】某国际股份有限公司销售产品收到转账支票一张并存入银行，其中货款30000元，增值税4800元。编制会计分录如下：

借：银行存款　　　　　　　　　　　　34800
　贷：主营业务收入　　　　　　　　　　30000
　　　应交税费——应交增值税（销项税）　4800

【例5-6】某国际股份有限公司收到远洋科技有限公司偿还前欠款项的50000元转账支票一张。编制会计分录如下：

借：银行存款　　　　　　　　　　　　50000
　贷：应收账款　　　　　　　　　　　　50000

【例5-7】某国际股份有限公司出纳将限额外的库存现金2000元存入银行。编制会计分录如下：

借：银行存款　　　　　　　　　　　　2000
　贷：库存现金　　　　　　　　　　　　2000

【例5-8】某国际股份有限公司从银行取得短期借款200000元。编制会计分录如下：

借：银行存款　　　　　　　　　　　　200000
　贷：短期借款　　　　　　　　　　　　200000

【例5-9】某国际股份有限公司从子公司分得税后利润300000元。编制会计分录如下：

借：银行存款　　　　　　　　　　　　300000
　贷：投资收益　　　　　　　　　　　　300000

【例 5-10】某国际股份有限公司其中一位股东增加投资 500000 元，款项已存入银行。编制会计分录如下：

  借：银行存款   500000

   贷：实收资本   500000

【例 5-11】某国际股份有限公司收到生产车间生产设备报废后变卖收入 50000 元，以银行存款收回。编制会计分录如下：

  借：银行存款   50000

   贷：其他业务收入   50000

【例 5-12】某国际股份有限公司收回多余的外埠存款 20000 元。编制会计分录如下：

  借：银行存款   20000

   贷：其他货币资金——外埠存款 20000

【例 5-13】某国际股份有限公司将已开具出去的银行汇票余额 2000 元转销。编制会计分录如下：

  借：银行存款   2000

   贷：其他货币资金——银行汇票存款 2000

【例 5-14】某国际股份有限公司取得银行存款账户的存款利息 275.8 元。编制会计分录如下：

  借：银行存款   275.8

   贷：财物费用   275.8

【例 5-15】某国际股份有限公司出租其设备给甲公司，出租期限为 6 个月，收到设备押金 3000 元，存入银行。编制会计分录如下：

  借：银行存款   3000

   贷：其他应付款——甲公司   3000

(2) 银行存款支出的核算

【例 5-16】接【例 5-15】，6 个月后，设备出租期限已到，甲公司退回设备，某国际股份有限公司退回其押金。编制会计分录如下：

借：其他应付款——甲公司　　　　　　3000

　贷：银行存款　　　　　　　　　　　3000

【例 5-17】接【例 5-15】，6 个月后，设备出租期限已到，但由于甲公司损坏设备，某国际股份有限公司扣掉押金的 50%，剩余部分退回甲公司。编制会计分录如下：

借：其他应付款——甲公司　　　　　　3000

　贷：银行存款　　　　　　　　　　　1500

　　营业外收入　　　　　　　　　　　1500

【例 5-18】某国际股份有限公司出纳提取库存现金 40000 元。编制会计分录如下：

借：库存现金　　　　　　　　　　　　40000

　贷：银行存款　　　　　　　　　　　40000

【例 5-19】某国际股份有限公司缴纳企业所得税 25000 元。编制会计分录如下：

借：应交税费——企业所得税　　　　　25000

　贷：银行存款　　　　　　　　　　　25000

【例 5-20】某国际股份有限公司购买原材料，价款 70000 元，增值税 11200 元。编制会计分录如下：

借：材料采购　　　　　　　　　　　　70000

　　应交税费——应交增值税（进项税）　11200

　贷：银行存款　　　　　　　　　　　81200

【例 5-21】某国际股份有限公司缴纳增值税 11200 元。编制会计分录如下：

借：应交税费——应交增值税（已交税金）　11200

　贷：银行存款　　　　　　　　　　　11200

【例 5-22】某国际股份有限公司偿还前欠银行短期借款 200000 元。编制会计分录如下：

  借：应付账款   200000

   贷：银行存款   200000

【例 5-23】某国际股份有限公司兑付到期的商业汇票一张，票面金额是 170000 元。编制会计分录如下：

  借：应付票据   170000

   贷：银行存款   170000

【例 5-24】某国际股份有限公司汇往深圳 80000 元开立采购物资专户。编制会计分录如下：

  借：其他货币资金——外埠存款 80000

   贷：银行存款   80000

【例 5-25】某国际股份有限公司以银行存款支付银行汇票存款 27000 元。编制会计分录如下：

  借：其他货币资金——银行汇票存款 27000

   贷：银行存款   27000

【例 5-26】某国际股份有限公司支付购买甲公司原材料的材料款 370000 元，款项已打入对方银行账户。编制会计分录如下：

  借：应付账款   370000

   贷：银行存款   370000

【例 5-27】某国际股份有限公司将 1000000 元存入证券公司，以备购买有价证券。编制会计分录如下：

  借：其他货币资金——存出投资款 1000000

   贷：银行存款   1000000

【例 5-28】某国际股份有限公司用银行存款支付各股东的应分配利润 1200000 元。编制会计分录如下：

借：应付利润　　　　　　　　　　　　1200000
　　贷：银行存款　　　　　　　　　　　1200000

【例 5-29】某国际股份有限公司以银行存款支付短期借款的利息 700 元。编制会计分录如下：

借：应付利息　　　　　　　　　　　　700
　　贷：银行存款　　　　　　　　　　　700

第6章 银行转账与结算

由于企业在生产经营过程中，在收入或者支出金额比较大时，以库存现金的方式来结算就显得很不现实，也不符合库存现金的结算规定，因此就产生了银行结算方式，这样就使企业的经济活动款项往来的情况变得简单很多，也方便很多。

6.1 银行转账结算的管理

企业在经营过程中有款项往来时，基本都通过银行转账来实现，银行转账虽然方便、快捷，但是办理转账手续的人，即出纳如果不够细心，也很可能出现款项填写错误、未能及时入账导致支票作废等问题。所以，为保证企业资金安全，经营活动能够正常进行，在银行转账过程中，必须按照转账结算的相关规定来办理。

6.1.1 银行转账结算概述

银行转账结算，是企业在开户银行的银行存款账户中存入足够的资金，在日常生产经营活动中，凡是超出库存现金结算范围的往来款项的收支业务，都通过银行存款账户来进行款项的划转。它方便快捷，省去了使用现金结算时的款项运送、清点、保管等手续，从而缩短了清算时间，加速了物资和资金的周转，提高了企业运转的效率。

6.1.2 银行转账结算应注意的问题

银行转账因为不涉及现金的往来，所以很方便、很快捷，但是在转账的过程中，出纳稍不注意，很可能出现一些不必要的经济纠纷。所以，在转账过程中，必须注意以下问题：

- 结算时必须遵守国家法律、法规以及银行结算中的规定。
- 办理银行结算时，企业银行账户必须有足够的资金。
- 企业办理结算时，由于填写票据、丢失票据等造成企业经济损失的，由企业自行负责。
- 填制好相关票据后，应及时到银行办理转账手续，避免遗失票据。

- 对于办理转账过程中，银行给予的记账联，应妥善保存好，以备月底时入账。

6.1.3 转账支票入账

企业在经营过程中，会经常收到已填好日期的转账支票作为收入所得。出纳在拿到转账支票时，应及时去开户银行办理转账手续。其流程如下：

① 在收到的转账支票正联正面"收款人"处填写本企业全称。以中国工商银行转账支票为例，其支票正面样式如图6-1所示。

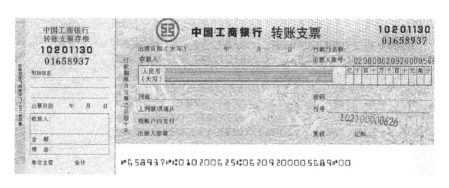

图6-1 转账支票正面

② 支票背面"被背书人"处填写本企业开户行名称，在"背书人签章"一栏填写"委托收款"字样，并加盖本企业在开户行的预留印鉴，即财务章及人名章。以中国工商银行转账支票为例，其支票背面样式如图6-2所示。

③ 填写进账单，进账单一式三联，填写好进账单后连同支票一并送交开户银行对公柜台办理转账。以中国工商银行转账支票为例，其进账单样式如图6-3所示。

注意：进账单中，"出票人"为付款单位，"收款人"为本企业。

④ 开户行审核无误后，会返回企业一联进账通知单，并随后将款项划入本企业银行账户内。

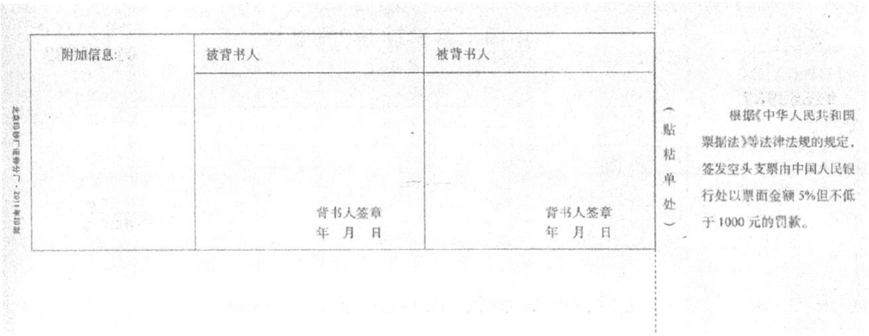
附加信息：

被背书人

被背书人

背书人签章 年 月 日

背书人签章 年 月 日

（贴粘单处）

根据《中华人民共和国票据法》等法律法规的规定，签发空头支票由中国人民银行处以票面金额5%但不低于1000元的罚款。

图 6-2　转账支票背面

中国工商银行　进账单（回单）

年　月　日

出票人	全称		收款人	全称											
	账号			账号											
	开户银行			开户银行											
金额	人民币（大写）				亿	千	百	十	万	千	百	十	元	角	分
票据种类		票据张数													
票据号码															
复核　记账			开户银行签章												

图 6-3　进账单

注意：转账支票的提示付款期限为 10 天，不是 10 个工作日，所以，出纳在拿到转账支票后，务必看清楚转账支票开票的时间，并及时去办理转账。

6.1.4　转账支票汇款

企业付款的方式有很多，但是电汇是最快捷、方便又安全的。只要本企业开户银行账户上有足够资金，即可办理汇款。在办理汇款时，同样需要填写转账支票。其流程如下：

① 在转账支票正联正面“出票日期”处填写大写的出票日期，即转账日期。

② 在正联"收款人"处填写收款单位名称。

③ 在正联填写汇款金额的大小写。

④ 在"密码"栏填写本张转账支票的密码。

⑤ 在"出票人签章"处加盖企业财务章以及人名章。

⑥ 填写支票存根联的相关信息并留存，以备月底做账时使用。

⑦ 转账支票背面不用填写任何信息。

⑧ 根据本企业开户信息及收款单位开户信息填写"电汇凭证"，即汇款单，如图6-4所示。

中国工商银行**电汇**凭证(回单)

□普通 □加急		委托日期		年 月 日										
汇款人	全 称				收款人	全 称								
	账 号					账 号								
	汇出地点	省 市/县				汇入地点	省 市/县							
汇出行名称					汇入行名称									
金额	人民币（大写）						亿	千	百	十	万	千	百	十	元	角	分
					支付密码										
					附加信息及用途										
		汇出行签章					复核：	记账：						

图6-4 中国工商银行电汇凭证

⑨ 填写银行汇款手续费单据，即收费凭条，如图6-5所示。

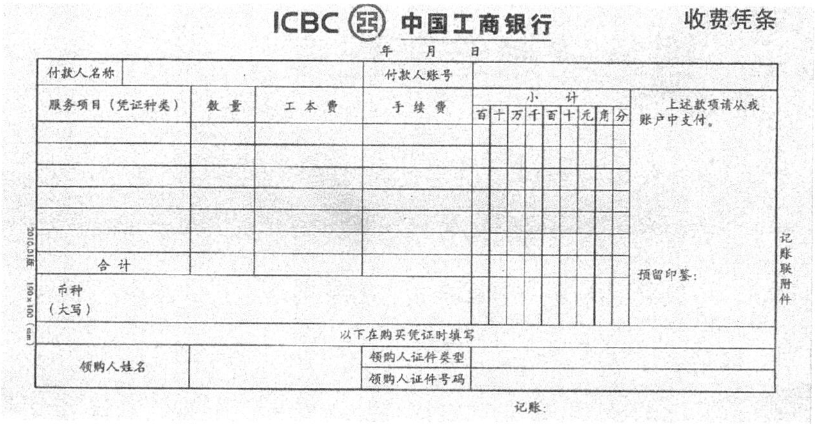

图6-5 中国工商银行收费凭条

填制收费凭条程序：填写汇款日期、企业名称以及开户账户；"服务项目"处填写"汇款"；"小计"以及"合计"处填写汇款手续费小写金额；"币种"处填写汇款手续费大写金额；"预留印鉴"处加盖企业财务章以及人名章。

⑩ 将填制好的转账支票、电汇凭证以及汇款手续费单据一并交给银行对公办事人员，办事人员审核后交给出纳汇款单第一联用以做账。

⑪ 款项划转成功，通知收款单位。

提示1：工行对工行同城转账是不收费的，用汇款方式的话同城和异地一样按金额的大小来收费，1万元以下（含）是5.5元，加急加收30%，也就是7元；1万～10万（含）元是10.5元，加急是13.5元；10万～50万（含）元是15.5元，加急是20元；50万～100万（含）元是20.5元，加急是26.5元。

提示2：工行对同城跨行是按工行的标准收费的，加急也是加收30%；工行对异地跨行是按工行的加急标准来收费的。

提示3：工行对工行同城的转账是2小时到账；工行对同城跨行、异地同行以及异地跨行的转账是2～3个工作日到账。

6.2 银行转账结算程序

银行转账结算过程中，主要是通过不同票据的传递实现款项的划拨，达到付款方与收款方结算经济款项的目的。企业通过银行转账结算时，可以采用的支付结算方式主要有银行汇票、商业汇票、银行本票、支票、托收承付、委托收款、汇兑等。下面就这几种结算方式的程序做具体的说明。

6.2.1　银行汇票结算程序

银行汇票是指汇款人将款项交存当地银行，由银行签发给汇款人，由其在见票时按照实际结算金额无条件支付给收款人或者持票人的票据，其提示付款期限是自出票日期起一个月。银行汇票适用于先收款后发货或钱货两清的商品交易，不受是否在银行开户的限制，单位和个人均可使用。银行汇票可用于转账，但填明"现金"字样的也可用于支取现金。其结算程序如图6-6所示。

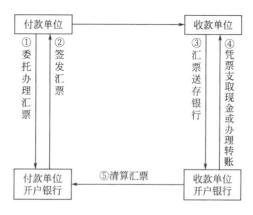

图6-6　银行汇票结算程序

6.2.2　商业汇票结算程序

商业汇票是付款人或背书人签发，由承兑人承兑，并于到期日向收款人或被背书人支付款项的票据。商业汇票只适用于企业之间先发货后收款或双方协定延期付款的商品交易。商业汇票的付款期限由交易双方商定，但最长不超过6个月。商业汇票的提示付款期限是自商业汇票到期日起10天。其结算程序如图6-7所示。

6.2.3　银行本票结算程序

银行本票是银行签发的，承诺自己在见票时无条件支付确定的

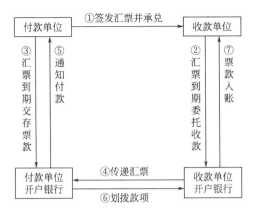

图 6-7 商业汇票结算程序

金额给收款人或持票人的票据。银行本票适用于在同一票据交换区域需要支付各种款项的单位或个人，可用于转账，也可用于提取现金。银行本票分为不定额本票和定额本票（1000 元、5000 元、10000 元和 50000 元）。其结算程序如图 6-8 所示。

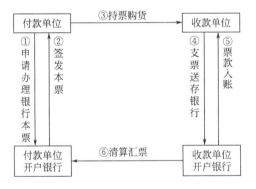

图 6-8 银行本票结算程序

6.2.4 支票结算程序

支票是出票人签发的，委托办理支票存款业务的银行在见票时无条件支付确定金额给收款人或持票人的票据。支票可分为现金支票和转账支票，两种支票的提示付款期限均为 10 天，超过提示付款期限提示付款的，持票人开户银行不予办理，付款人不予付款。其结算程序如图 6-9 所示。

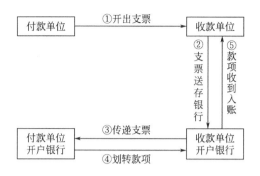

图 6-9 支票结算程序

6.2.5 托收承付结算程序

托收承付，是企业之间按照合同约定，由收款人发货后，委托银行向异地付款人收取款项，付款人向银行承付的结算方式，又被称为异地托收承付。企业代销、寄销以及赊销商品的款项不得办理托收承付结算。其结算程序如图 6-10 所示。

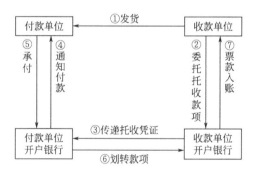

图 6-10 托收承付结算程序

6.2.6 委托收款结算程序

委托收款是收款人向银行提供收款依据，委托银行向付款人收取款项的一种结算方式，同城和异地均可使用。其结算程序如图 6-11 所示。

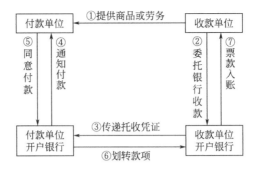

图 6-11 委托收款结算程序

6.2.7 汇兑结算程序

汇兑是付款单位委托银行将款项支付给收款单位的结算方式，即汇款。汇款可分为信汇和电汇，企业日常结算中常用的是电汇。电汇有普通汇款和加急汇款，普通汇款如果是异地或者同城跨行汇款，则款项到账需 3~5 个工作日，加急汇款一般都是 2 小时到账。其结算程序如图 6-12 所示。

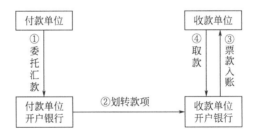

图 6-12 汇兑结算程序

第7章 工商、税务、社保其实很简单

作为企业的一名出纳,自然免不了和工商、税务以及社保机构打交道,而这些工作又是相当琐碎的。在办理的过程中,一件事情可能要反复办理多次才能办成。但是,如果了解了工商、税务以及社保机构的一些办事要求及办事流程,自然在进出这些机构时少了很多烦恼,节省了办事时间,提高了办事效率。

7.1 了解工商

企业成立以及在生产经营过程中，可能会涉及相关信息的变更，如注册经营场所、注册资本、经营范围等；每年接受工商的年检；企业也可能因为经营的需要进行重组，或者因为经营不善而导致破产、清算等。办理以上业务均要和工商机构进行交涉，而对于一些企业，出纳就要负起这部分责任。

7.1.1 企业注册

成立企业的第一步就是到工商局进行注册，使企业有一个明确的身份，下面以注册有限责任公司为例，对注册的过程进行具体的说明（公司实收资本不再作为登记事项，所以以下包含的实收资本的资料非必须材料）。

- 选择公司的形式。形式不同，对注册资金的要求就不同。普通的有限责任公司，最低注册资金为 3 万元，需要两个或两个以上的股东。
- 从工商局领取"企业（字号）名称预先核准申请表"，填写企业准备好的名称，工商局审核后如果无重名，则核发"企业（字号）名称预先核准通知书"。
- 确定办公室地址，自有或租用的均可。
- 在工商局网站下载"公司章程"样本，根据预备经营项目的实际情况进行修改，最后由各股东签名。
- 由正规刻章公司刻制法人代表人名章。
- 找一家会计师事务所，领取"银行征询函"的原件。
- 各股东带齐相关资料在公司办公地址附近的银行开立公司账

户。所带资料包括公司章程、《企业（字号）名称预先核准通知书》、法人代表的人名章、股东身份证、用于验资的资金、银行征询函、股东各自应出的股份。

- 拿着银行出具的股东缴款单、银行盖章后的征询函，以及公司章程、《企业（字号）名称预先核准通知书》、租房合同、房产证复印件，到会计师事务所办理验资报告。

- 到工商局领取公司设立登记的各种表格，包括设立登记申请表、股东（发起人）名单、董事经理监理情况、法人代表登记表、指定代表或委托代理人登记表。填好后，连同《企业（字号）名称预先核准通知书》、公司章程、租房合同、房产证复印件、验资报告一起交给工商局。大概3个工作日后可领取执照。

- 领取执照后，15日内到当地税务局申请领取税务登记证。

7.1.2 企业信息公开

企业应当于每年1月1日至6月30日，通过企业信用信息公示系统向工商行政管理部门报送上一年度年度报告，并向社会公示。当年设立登记的企业，自下一年起报送并公示年度报告。工商公示主要是看企业登记事项执行和变动情况、股东或者出资人的出资或提供合作条件的情况、企业对外投资情况、企业设立分支机构情况、企业生产经营情况。

（1）企业信息公示流程

企业信息公示的具体流程如图7-1所示。

企业年度报告内容包括：

（一）企业通信地址、邮政编码、联系电话、电子邮箱等信息；

（二）企业开业、歇业、清算等存续状态信息；

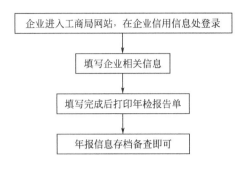

图 7-1 企业信息公示流程图

（三）企业投资设立企业、购买股权信息；

（四）企业为有限责任公司或者股份有限公司的，其股东或者发起人认缴和实缴的出资额、出资时间、出资方式等信息；

（五）有限责任公司股东股权转让等股权变更信息；

（六）企业网站以及从事网络经营的网店的名称、网址等信息；

（七）企业从业人数、资产总额、负债总额、对外提供保证担保、所有者权益合计、营业总收入、主营业务收入、利润总额、净利润、纳税总额信息。

前款第一项至第六项规定的信息应当向社会公示，第七项规定的信息由企业选择是否向社会公示。

经企业同意，公民、法人或者其他组织可以查询企业选择不公示的信息。

(2) 对未进行企业信息公示的处理办法

对未按期公示年度报告的企业的处罚如下：

《企业信息公示暂行条例》第十七条规定，有下列情形之一的，由县级以上工商行政管理部门列入经营异常名录，通过企业信用信息公示系统向社会公示，提醒其履行公示义务；情节严重的，由有关主管部门依照有关法律、行政法规规定给予行政处罚；造成他人损失的，依法承担赔偿责任；构成犯罪的，依法追究刑事责任。

（一）企业未按照本条例规定的期限公示年度报告或者未按照工商行政管理部门责令的期限公示有关企业信息的；

（二）企业公示信息隐瞒真实情况、弄虚作假的。

被列入经营异常名录的企业依照本条例规定履行公示义务的，由县级以上工商行政管理部门移出经营异常名录；满 3 年未依照本条例规定履行公示义务的，由国务院工商行政管理部门或者省、自治区、直辖市人民政府工商行政管理部门列入严重违法企业名单，并通过企业信用信息公示系统向社会公示。被列入严重违法企业名单的企业的法定代表人、负责人，3 年内不得担任其他企业的法定代表人、负责人。

企业自被列入严重违法企业名单之日起满 5 年未再发生第一款规定情形的，由国务院工商行政管理部门或者省、自治区、直辖市人民政府工商行政管理部门移出严重违法企业名单。

7.1.3　企业的合并、分立、解散清算和破产清算

企业在经营过程中，其内部组织结构会因为其经营的具体情况发生一些改变。企业经营有方，很可能进行组织结构的调整，通过并购、分立来实现生产规模或者经营范围的扩大；企业内部出现不可调和的矛盾或者经营不善时，企业为了将损失减到最小，可能进行解散清算或者申请破产。

（1）企业的合并

企业的合并，是指两个或两个以上的企业，按照订立的合并协议，不经过结算程序，直接结合为一个企业的法律行为。其表现形式有两种：吸收合并，即一个企业吸收其他公司后继续存在，被吸收的企业宣布解散；新设合并，即两个或两个以上的公司合并成立一个新公司，合并各方解散。

依照《公司法》第184条的规定，企业合并的程序如图7-2所示。

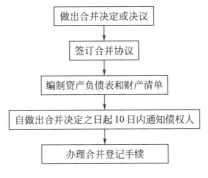

图7-2 企业合并程序

提示：合并协议应当包括合并各方的名称、住所，合并后新公司的名称、住所，合并各方的资产状况和债权债务处理办法（应当由合并存续的公司或者新设的公司承继）。

公司应当自做出合并决议之日起10日内通知债权人，并于30日内在报纸上公告。债权人自接到通知书之日起30日内，未接到通知书的自公告之日起45日内，有权要求公司清偿债务或者提供相应的担保。不清偿债务或者不提供相应担保的，公司不得合并。公司合并，应当自合并决议或者决定做出之日起90日后申请登记。

【例7-1】某国际股份有限公司与丙公司做出合并决议，合并后丙公司宣布解散，某国际股份有限公司将继续存在，但是合并过程中，丙公司未通知其债权人，也未清偿其债务。

分析上述案例中的做法是否正确并说明原因。

解答：上述案例中丙公司的做法是错误的，根据《公司法》中的相关规定，"债权人有权要求公司清偿债务或者提供相应的担保。不清偿债务或者不提供相应担保的，公司不得合并"。所以，在丙公司清偿其前欠债权人的债务前，某国际股份有限公司与丙公司不能合并。

(2) 企业的分立

企业的分立和企业的合并正好相反,它是指一个企业按照签订的分立协议,不经过清算程序,分为两个或两个以上公司的法律行为。根据《合同法》的规定,企业分立后,除债权人和债务人另有约定的以外,分立的企业对合同的权利和义务享有连带债权,承担连带债务。

【例 7-2】甲公司为了扩大经营范围,从公司本部分立出去丁公司。但在分立前,甲公司为增加新公司注册资本,曾向某国际股份有限公司借款 200 万元,并签订借款合同,甲公司和某国际股份有限公司就这笔借款并无其他约定。

根据上述案例说明分立后企业之间的债权债务关系。

解答:根据相关法律规定,公司分立的,分立前的债权债务应由分立后的公司共同承担。甲公司分立了新公司,但就 200 万元的借款和债权人某国际股份有限公司并无特别约定,则新成立的丁公司与甲公司一起承担以上 200 万元的债务,某国际股份有限公司为甲公司和丁公司共同的债权人。

(3) 企业的解散清算

公司解散是指已成立的公司,因为某种合法合理的原因,如股东之间出现不可调和的矛盾以及分歧,导致股东利益受损,公司无法正常经营下去,由其中一方发起解散申请,而使公司不再存在的一种法律行为。

清算是针对已经解散的公司,处理公司剩余财产的过程。清算结束之后,解散后的企业就不再具有任何法律关系。

依照我国《公司法》的规定,公司除因合并或分立解散无须清算,以及因破产而解散的公司适用破产清算程序外,其他解散的公司，都应当按《公司法》的规定进行清算，其解散清算的一般程序如图 7-3 所示。

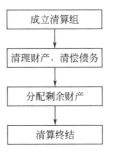

图 7-3　解散清算的一般程序

【例 7-3】某国际股份有限公司股东因年终分红的不均产生不可调和的矛盾，其中一位股东向法院提出请求，要求解散公司。

根据上述案例说明其解散清算程序。

解答：解散请求被法院批准后，由股东组成解散清算组，登记企业剩余财产以及企业债权债务信息；以其剩余财产清偿所有债务；将清偿债务后的剩余财产进行分配（股东财产分配按合同约定，合同没有约定的按投资比例，不能确定投资比例的协商决定，协商不成的平均分配）；解散清算结束。

（4）企业的破产清算

《公司法》中的破产清算是指处理经济上破产时债务如何清偿的一种法律制度，即企业在生产经营过程中，资不抵债，作为债务人丧失偿还能力时，由法院强制执行其全部财产，公平偿还所有债权人的法律制度。

企业破产清算时，会涉及很多法律法规，同时也要接触方方面面。如果不注意，一个小的问题可能就会影响破产清算的整个进程，任务重，工作量大，程序烦琐，所以了解破产清算的整个流程是很有必要的。其具体流程如图 7-4 所示。

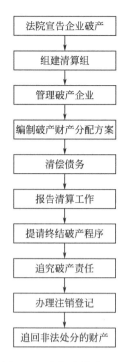

图 7-4　破产清算流程图

【例 7-4】某国际股份有限公司名下一子公司，因经营者经营不善、资不抵债，向法院提起破产申请。法院接到申请后立即做出以下裁定：宣告该公司破产还债，并公告该公司所有债权人自公告之日起两个月内申报债权，逾期者一律视为放弃债权。对于此公司的所有债权人，法院认为所有债权人都是一样的，应该平等对待，应该将此公司所有剩余财产平均分配给所有债权人。

分析上述案例中有何处不符合规定并解释原因。

解答：其一，法院接到申请便立即做出裁定是错误的。法院对于申请破产的企业应进行调查与核实，看其资不抵债的情况是否真实。

其二，法院认为应该将此公司所有剩余财产平均分配给所有债权人是错误的。对于企业剩余财产，应该由全体债权人，按比例进行分配，而不是平均分配。

7.1.4 企业资本的变更登记

企业在发展过程中,由于需要可能会增加注册资本,简称增资。按照《中华人民共和国公司登记管理条例》规定,公司变更注册资本的,应当提交具有法定资格的验资机构出具的验资证明。公司增加注册资本的,应当自股款缴足之日起 30 日内申请变更登记。

企业办理增资手续,需要向工商局提供下列文件:

- 变更登记申请书。
- 授权委托书。
- 股东大会关于增加注册资本的决议。
- 股东身份证复印件(个别地区需要股东身份证原件)。
- 修改后的公司章程或章程修正案。
- 公司营业执照正、副本。

提示:《公司变更登记申请书》《公司股东(发起人)出资情况表》《指定代表或者共同委托代理人的证明》可以通过国家工商行政管理总局《中国企业登记网》下载,或者到各工商行政管理机关领取。以上各项未注明提交复印件的,应当提交原件。提交复印件的,应当注明"与原件一致"字样并由公司加盖公章,《指定代表或者共同委托代理人的证明》需要委托人和被委托代理人本人签字。

7.2 了解税务

按照国家税收法律规定,纳税人应履行纳税义务,及时足额缴纳各项税款,这是纳税人享有国家提供公共产品和公共服务的前提和基础。所谓"取之于民,用之于民",国家征收税金,一方面监督企业经营状况，另一方面将税收进行财产再分配，提高整个国家的经济发展水平。

7.2.1 国税与地税的区分

从字面上理解，国税，即国家税务；地税，即地方税务。它们同样是针对各企业征收税款的机构，但由于其偏重点不同，两者负责征收的税种也不同。国税征收的主要是维护国家权益、实施宏观调控所必需的税种（消费税、关税）和关乎国计民生的主要税种的部分税收（增值税、企业所得税、个体户和集贸市场的增值税等）；地税则主要负责征收地方征管的税种以增加地方财政收入（耕地占用税、车船使用税）。地税的税款征收主要还是结合当地实际情况来定，由于各地政策不同，具体所交的税种也会有所不同（2018年6月15日，国地税正式合并一体，包括申报软件一体化，详细需查询当地政策）。

7.2.2 开业税务登记

新开立的企业在领取工商执照之后，必须及时办理开业税务登记，保证及时向国家主管税务机关提供反映企业具体经营情况的会计资料，实现税务在企业经营过程中的监督职能。

（1）办理开业登记的时间

- 已领取过工商执照的纳税人，应当自领取营业执照之日起30日内，主动依法向主管税务局申报办理登记。在开展业务前，需自行在网上办税服务台向主管税务局申报办理登记业务。
- 按规定不需要领取营业执照的纳税人，应当自有关部门批准之日起30日内或者自发生纳税义务之日起30日内，主动依法向主管税务局申报办理税务登记。

(2) 办理开业登记的地点

- 纳税的企事业单位向所在地主管税务局申报办理税务登记；在外地有分公司的，分公司同时还应向其所在地主管税务局申报办理税务登记。
- 有固定经营地点的个体工商户向经营地主管税务局申报办理税务登记；无固定经营地点的个体工商户，向户籍所在地主管税务局申报办理税务登记。
- 未领取营业执照从事承包、租赁经营的纳税人，向经营地主管税务局申报办理税务登记。

(3) 办理开业登记的手续

办理开业登记时，纳税人除提出书面申请报告外，还应提供下列有关证件、资料：

- 营业执照。
- 公司章程。
- 法人代表的居民身份证或其他可证明身份的证件，如护照、户口簿等。
- 总公司所在地主管税务局证明。
- 主管税务局要求提供的其他有关证件、资料。

注意：提交的资料中，需要复印件的，必须在复印件上注明"与原件一致"字样，并加盖企业公章。

(4) 税务登记表

企业网上填写税务登记表，应当按规定内容逐项如实填写，并加盖企业公章，经法人签字后，将税务登记表报送主管税务局。企业在外地设立的分公司，还应按照规定内容如实填报总公司名称、地址、法定代表人、经营范围、财务负责人等。

7.2.3 税务登记变更

企业变更名称、法定代表人、企业性质、企业经营场所、经营范围、开户银行及账号等内容的，纳税人应当自工商局办理变更登记之日起 30 日内，持有关证件向主管税务局提出变更登记书面申请报告。所带证件如下：

- 营业执照。
- 变更登记的有关证明文件。
- 其他有关证件。

办理变更登记时，应当向主管税务局领取变更税务登记表，一式三份，逐项如实填写并加盖公章。自领取变更税务登记表之日起 10 日内报送税务局，经审核后，报国家税务机关批准予以变更的，应当按照规定的期限到主管税务局变更受理通知书，如通知有说明须到主管所变更才须到专管员处。

【例 7-5】某国际股份有限公司因经营需要变更了经营场所，变更后仍属原主管税务机关管辖，所以，在税务部门规定的时间内公司未及时做税务登记变更。

分析上述案例中的做法是否正确并说明原因。

解答：根据相关规定，"企业变更名称、法定代表人、企业性质、企业经营场所、经营范围、开户银行及账号等内容的，纳税人应当自工商局办理变更登记之日起 30 日内，持有关证件向主管税务局提出变更登记书面申请报告"。即使其仍属原主管税务机关管辖，也要做登记变更。

对于未及时做税务登记变更的企业，在税务机关责令下仍未做变更登记的，税务机关可处以 2000～10000 元的罚款。

7.2.4 税务登记注销

企业发生破产、解散、撤销以及其他依法应当终止履行纳税义务的，应当在向工商行政管理机关办理注销登记前，持相关证件到主管税务局提出注销税务登记的申请报告；办理完后拿到注销通知书后再到工商局办理注销变更。

企业因变动经营场所而改变主管税务局的，应当在改变经营场所之前，申报办理注销税务登记。同时企业应当自新经营场所经营开始15日内，到新的主管税务局重新办理税务登记，其程序和手续与开业登记办理相同。

企业办理注销登记之前，首先应当向主管税务局缴清应纳税款、滞纳金、罚款，缴销原主管税务局核发的税务登记证及其副本、未使用的发票、发票专用章以及税收缴款书和国家税务机关核发的其他证件。

企业办理注销税务登记时，应当向主管税务局领取注销税务登记表，一式三份，并逐项如实填写，加盖企业印章后，于领取注销税务登记表之日起10日内报送主管税务局，经其核准后，报国家税务机关批准予以注销。

【例7-6】某国际股份有限公司变更经营场所后，所属主管税务机构也同时变更，公司在新经营场所经营后，出纳到新税务机构办理税务登记，因未办理原所属税所的注销登记被新税务机构予以拒绝。

分析上述案例中公司的做法有何不妥，并说明原因。

解答：根据相关规定，企业在新经营场所进行税务登记之前，应先在原主管税所办理注销税务登记，同时缴清应缴纳款项。注销完成之后，才可以到新经营场所进行税务登记。而某国际股份有限公司变更经营场所后未做任何注销，所以被拒绝。

7.2.5 如何办理纳税申报

出纳在工作中，可能会做一些会计的外勤工作，如到税务局报税、交税等，所以，了解纳税申报的一些基本知识，能让出纳的工作少走弯路，减少出错的概率。

(1) 纳税申报的期限

为了及时向企业主管税务部门反映企业的经营情况，企业应在税务机构规定的日期内，在网上进行纳税申报。对于常见的几种税种，税务机构规定其纳税申报期限如下：

- 增值税、消费税纳税人以 1 个月或者 1 个季度为 1 个纳税期的，自期满之日起 15 日内申报纳税；以其他日期为 1 个纳税期的，自期满之日起 5 日内预缴税款，于次月 1 日起 15 日内申报纳税并结清上月应纳税款。
- 城市维护建设税、地方教育费附加以及教育附加费应在增值税、消费税纳税申报的同时进行申报。
- 企业所得税纳税人应当自年度终了之日起 5 个月内，向税务机关报送年度企业所得税纳税申报表，并汇算清缴，结清应缴应退税款。
- 所得税汇算清缴一般在次年的 1~5 月之间进行。
- 其他税种，税法已明确规定纳税申报期限的，按税法规定的期限申报；税法未明确规定纳税申报期限的，按主管税务局根据具体情况确定的期限申报。

企业办理纳税申报的期限最后一日，如遇公休、节假日可以顺延。

纳税人因不可抗力原因而不能及时办理纳税申报的，可以延期办理。但在不可抗力消除之后，应立即向其主管税务机构申请纳税申报。

【例7-7】某国际股份有限公司为一般纳税人,其经营范围在2019年初做出变更,在以前经营范围的基础上还增加了"技术服务、技术咨询",在纳税申报时,都需要交什么税种?

解答:作为一般纳税人,其主要申报的税种包括增值税、城市维护建设税、教育附加费、地方教育费附加、企业所得税、个人所得税、印花税、土地使用税、房产税、车船税。

【例7-8】某国际股份有限公司出纳2019年2月由于生病住院,一直到3月下旬才出院,在这期间错过了纳税申报时间,出纳认为这属于不可抗力,可延期申报,所以未到税务机关做任何说明,准备下月一起做纳税申报。

分析上述案例中出纳的做法是否正确并解释原因。

解答:出纳的做法是错误的。对于不可抗力,纳税申报可延期,但是出纳是生病,是可克服的因素,而不是不可抗力,不可延期;况且出纳出院后也未就此情况向税务机关做出任何说明。针对这种情况,其主管税务机关有理由根据相关规定对某国际股份有限公司做出一定惩罚。

(2) 纳税申报的地点

由于企业经营的具体情况各不相同,在经营过程中可能会有一些不确定因素发生,此时,应根据企业自身情况以及经营等的实际情况,在规定期限内,到税务机构指定的地点做纳税申报。

- 已在税务机构登记的企业应在其主管税务机构纳税申报。
- 未在税务机构办理登记手续的应到其所属地主管税务机构纳税申报。
- 在外地取得销售收入应在当地向主管税务机构纳税申报,未在当地向主管税务机构纳税申报的,应在企业税务登记机构纳税申报并补缴税款。

- 境外企业或者个人在境内产生应纳税额的劳务,如无经营机构,应由其劳务购买者代为扣缴。

【例7-9】某国际股份有限公司一销售人员在外地销售一笔产品取得货款57000元,未在销售地进行纳税申报。请问这笔销售额应在何处进行纳税申报?

解答:根据相关规定,"在外地取得销售收入应在当地向主管税务机构纳税申报,未在当地向主管税务机构纳税申报的,应在企业税务登记机构纳税申报并补缴税款",这笔销售款项既然未在当地进行纳税申报,则可以在某国际股份有限公司的主管税务机构补缴税款。

【例7-10】某国际股份有限公司请国外一位维修人员来公司维修设备,付给维修人员30000元的劳务费,请问这笔劳务费应在何处进行纳税申报?

解答:根据相关规定,"境外企业或者个人在境内产生应纳税额的劳务,如无经营机构,应由其劳务购买者代为扣缴",所以,某国际股份有限公司出纳给维修人员支付劳务费时,就可以按照国内劳务费使用税率代为扣除,并向公司主管税务机构进行申报,缴纳税款。

(3) 纳税申报方式

企业在纳税申报时,可根据自身实际情况选择不同的申报方式,纳税申报方式主要有以下几种:

- 直接上门申报。企业在纳税申报期限内到主管税务局办理纳税申报、代扣代缴、代收代缴税款或委托代征税款报告。
- 网上申报。企业可通过网上办税厅、办税软件等方式直接进行纳税申报，省去了直接到税务大厅申报时排队的痛苦。

随着会计电算化的不断深入发展，网上申报将会成为企业纳税申报的主流趋势。但需要注意的是，不管采用以上哪种申报方式，都要通过主管税务机构的审核批准。

(4) 纳税申报的手续

企业从办税软件下载本征期所需要申报的报表，按照表中内容逐项如实填写后上传审核、接收受理结果。

企业办理纳税申报时，应根据不同情况提供下列有关资料：

- 资产负债和损益表及其说明材料。
- 增值税销项税额和进项税额明细表。
- 增值税纳税人减免申报表。
- 应税服务扣除项目明细。
- 增值税纳税申报表（主表）。
- 国家税务机关规定应当报送的其他附表。

7.2.6 税金的核算

企业在缴纳税款时，其经营状况也被国家所监督，这有利于国家随时掌握社会经济动态，为国家的下一步发展做出宏观调控。企业在生产经营过程中，会用到方方面面的资源，应缴的税费名目自然也很多，主要有以下几种：

- 增值税＝商品销售收入（不含税）×3%（小规模纳税人）。
- 增值税＝[商品销售收入（不含税）－进货金额（不含税）]×16%（一般纳税人）。
- 地方教育费附加费＝（应纳增值税＋消费税）×2%。
- 消费税＝销售额×适用税率（行业不同，其适用税率不同）。
- 城市维护建设税＝（应纳增值税＋消费税）×7%。

- 教育费附加＝(应纳增值税＋消费税)×3％。
- 个人所得税＝应纳税所得额×适用税率－速算扣除数。

提示：应交个人所得税＝每月个人总收入额－五险一金－允许扣除费用2000元。

个人所得税税率表（工资、薪金所得适用）如表7-1所示。

表7-1　个人所得税税率表

级数	每月应纳税所得额	税率/％	速算扣除数
1	不超过1500元的	3	0
2	超过1500元至4500元的部分	10	5
3	超过4500元至9000元的部分	20	555
4	超过9000元至35000元的部分	25	1005
5	超过35000元至55000元的部分	30	2755
6	超过55000元至80000元的部分	35	5505
7	超过80000元的部分	45	13505

以上税种均为月报，即每月企业都要到主管税务局申报纳税额。

- 企业所得税＝应纳税所得额×税率25％。所得税为季报。

提示：应纳税所得额＝会计利润＋纳税调整增加额－纳税调整减少额。符合条件的小型微利企业所得税税率为10％，小型微利企业是指从事国家非限制和禁止行业，并符合下列条件的企业：工业企业，年度应纳税所得额不超过30万元，从业人数不超过100人，资产总额不超过3000万元；其他企业，年度应纳税所得额不超过30万元，从业人数不超过80人，资产总额不超过1000万元。

- 印花税。在中华人民共和国境内书立、领受《中华人民共和国印花税暂行条例》所列举凭证的单位和个人，都是印花税的纳税义务人，应当按照条例的规定缴纳印花税。印花税税率表如表7-2所示。

表 7-2 印花税税率表

序号	税目	税率或税额
1	购销合同	0.3‰
2	加工承揽合同	0.5‰
3	建设工程勘察设计合同	0.5‰
4	建筑安装工程承包合同	0.3‰
5	财产租赁合同	1‰
6	货物运输合同	0.5‰
7	仓储保管合同	1‰
8	借款合同	0.05‰
9	财产保险合同	1‰
10	技术合同	0.3‰
11	产权转移书据	0.5‰

- 土地使用税＝应税土地的实际占用面积×适用单位税额。其适用单位税额根据城市不同而有所差别：

① 大城市 1.5～30 元。

② 中等城市 1.2～24 元。

③ 小城市 0.9～18 元。

④ 县城、建制镇、工矿区 0.6～12 元。

- 房产税，其采用的比例税率，具体有两种情况：从价计征和从租计征。

① 从价计征应纳税额＝房产原值×(1－规定的减除比例)×1.2%。

② 从租计征应纳税额＝租金收入×12%。

- 车船使用税，其税率采用定额税率，具体有两种情况：

① 车辆税额，由各地根据当地具体情况，确定本地车辆的适用税额。

② 船舶税额，实行全国统一的分类分级税额。

(1) 增值税的核算

【例 7-11】某国际股份有限公司 2019 年 3 月 6 日出售一批产品，

开具的发票上已注明，产品价款200000元，增值税32000元，货款已存入银行。据此编制会计分录。

解答：编制会计分录如下：

借：银行存款　　　　　　　　　　　　　232000

　贷：主营业务收入　　　　　　　　　　200000

　　　应交税金——应交增值税（销项税）　32000

【例7-12】某国际股份有限公司2019年3月13日销售一批产品收入500万元（不含税），同时还从购货方收取包装费10万元，运输装卸费20万元，包装物押金20万元，以及包装物租金20万元，所有款项已存入银行。已知某国际股份有限公司按16%计算其销项税额。

根据上述案例，计算其销项税额，并编制相关会计分录。

解答：销售额＝500＋(10＋20＋20)/(1＋16%)≈534.10万元

增值税额＝534.10×16%＝86.90万元

编制会计分录如下：

借：银行存款　　　　　　　　　　　　　6496400

　贷：主营业务收入——×产品　　　　　5000000

　　　其他业务收入　　　　　　　　　　427400

　　　其他应付款——存入保证金　　　　200000

　　　应交税金——应交增值税（销项税）869000

【例7-13】接【例7-12】，若购货方逾期未退回租用的包装物，则其押金转为某国际股份有限公司的营业外收入，同样按16%计算销项税，假定包装物的成本为8万元。据此编制会计分录。

解答：销项税额＝20/(1＋16%)×16%≈2.76万元

编制会计分录如下：

借：其他应付款——存入保证金　　　　　200000

　贷：其他业务支出　　　　　　　　　　80000

应交税金——应交增值税（销项税）　　27586

营业外收入　　　　　　　　　　　　92414

【例7-14】某国际股份有限公司2019年3月21日购买原材料价款为120000元，税金19200元，同时还以委托加工物资的方式支付劳务支出50000元，税金8000元，款项均已由银行支付。据此编制会计分录。

解答：编制会计分录如下。

购买原材料时：

借：材料采购　　　　　　　　　　　　120000

　　应交税金——应交增值税（进项税）　19200

贷：银行存款　　　　　　　　　　　　139200

劳务支出时：

借：委托加工物资　　　　　　　　　　50000

　　应交税金——应交增值税（进项税）　8000

贷：银行存款　　　　　　　　　　　　58000

【例7-15】根据【例7-11】、【例7-12】、【例7-14】计算某国际股份有限公司3月份应纳增值税额。

解答：应纳增值税额＝销项税额－进项税额

32000＋869000－19208－8000＝753800元

(2) 消费税的核算

【例7-16】某国际股份有限公司2019年3月份销售汽车轮胎应纳消费税为57000元。据此编制相关会计分录。

解答：计提消费税时，会计分录如下：

借：主营业务税金及附加　　　　　　　57000

贷：应交税金——应交消费税　　　　　57000

交纳消费税时，会计分录如下：

借：应交税金——应交消费税　　　　　57000
　　贷：银行存款　　　　　　　　　　57000

(3) 城市维护建设税、地方教育费附加及教育费附加的核算

【例 7-17】根据某国际股份有限公司 3 月份发生的经济业务，计算其城市维护建设税及教育费附加并编制相关会计分录。

解答：城市维护建设税＝(应纳增值税＋消费税)×7％

地方教育费附加＝(应纳增值税＋消费税)×2％

教育费附加＝(应纳增值税＋消费税)×3％

(927800＋57000)×7％＝68936 元

(927800＋57000)×2％＝19696

(927800＋57000)×3％＝29544 元

计提税金时，会计分录如下：

借：业务税金及附加　　　　　　　　118176
　　贷：应交税金——应交城市维护建设税　68936
　　　　应交税金——应交教育费附加　　29544
　　　　应交税金——应交地方教育附加费　19696

交纳税款时，会计分录如下：

借：应交税金——应交城市维护建设税　68936
　　应交税款——应交教育费附加　　　29544
　　应交税金——应交地方教育附加费　19696
　　贷：银行存款　　　　　　　　　　118176

(4) 个人所得税的核算

【例 7-18】某国际股份有限公司 3 月份企业代扣代缴个人所得税 7320 元。据此编制相关会计分录。

解答：企业在扣款时，编制会计分录如下：

借：应付职工薪酬　　　　　　　　　　　　7320
　　贷：应交税金——应交个人所得税　　　　7320

企业交纳税款时，会计分录如下：

借：应交税金——应交个人所得税　　　　　7320
　　贷：银行存款　　　　　　　　　　　　　7320

(5) 企业所得税的核算

【例7-19】某国际股份有限公司3月底计提所得税共计3000元。据此编制相关会计分录。

解答：企业在计提所得税时，会计分录如下：

借：所得税　　　　　　　　　　　　　　　3000
　　贷：应交税金——所得税　　　　　　　　3000

4月初企业交纳税金时，会计分录如下：

借：应交税金——所得税　　　　　　　　　3000
　　贷：银行存款　　　　　　　　　　　　　3000

【例7-20】某国际股份有限公司2018年主营业务收入1520万元，主营业务成本840万元，税金及附加共计324.5万元，销售费用及管理费用共计186万元，财务费用0.79万元，投资净收益159万元，营业外收入193万元，营业外支出114.7万元，计算其2018年企业所得税额。

解答：企业所得税＝利润总额×税率25%

利润总额＝营业利润＋营业外收支净额

营业利润＝营业收入－营业成本－税金及附加－销售费用－管理费用－财务费用＋投资净收益＋公允价值变动损益－资产减值损失

（1520－840－324.5－186－0.79＋159＋193－114.7）×25%＝101.5025万元

【例7-21】接【例7-20】，某国际股份有限公司2019年3月份做上年度汇算清缴，其中2018年预缴企业所得税69.5万元，计算其汇算清缴时应交企业所得税额并编制相关会计分录。

解答：101.5025－69.5＝32.0025 万元

计提所得税时，会计分录如下：

借：以前年度损益调整　　　　　　　　320025

　　贷：应交税金——企业所得税　　　　320025

结转损益时，会计分录如下：

借：未分配利润　　　　　　　　　　　320025

　　贷：以前年度损益调整　　　　　　　320025

交纳企业所得税时，会计分录如下：

借：应交税金——企业所得税　　　　　320025

　　贷：银行存款　　　　　　　　　　　320025

(6) 印花税的核算

【例 7-22】某国际股份有限公司 2019 年 3 月 17 日与甲公司签订技术服务合同一份，合同金额为 15 万元，印花税率为 0.3‰。计算其应纳印花税额并编制相关会计分录。

解答：150000×0.3‰＝45 元

编制会计分录如下：

借：税金及附加——印花税　　　　　　45

　　贷：应交税金——应交印花税　　　　45

借：应交税金——应交印花税　　　　　45

　　贷：库存现金　　　　　　　　　　　45

(7) 土地使用税的核算

【例 7-23】某国际股份有限公司应税土地的实际占用面积为 600m^2，其适用单位税额为 25 元，计算其土地使用税并编制相关会计分录。

解答：600×25＝15000 元

计提土地使用税时，会计分录如下：

借：税金及附加——土地使用税　　　　15000
　　贷：应交税金——应交土地使用税　　　　15000

交纳土地使用税时，会计分录如下：

借：应交税金——应交土地使用税　　　　15000
　　贷：银行存款　　　　15000

(8) 房产税的核算

【例 7-24】某国际股份有限公司的经营场所为自有房产，原值为 1800 万元，其规定的减除比例为 70%，计算其应纳房产税额并编制相关会计分录。

解答：$1800 \times (1 - 30\%) \times 1.2\% = 15.12$ 万元

计提房产税时，会计分录如下：

借：税金及附加——房产税　　　　151200
　　贷：应交税金——应交房产税　　　　151200

交纳房产税时，会计分录如下：

借：应交税金——应交房产税　　　　151200
　　贷：银行存款　　　　151200

(9) 车船使用税的核算

【例 7-25】某国际股份有限公司自有车辆分别为载货汽车 2 辆，共计 60 个吨位，每吨位车船税年税额为 96 元，大型客车 2 辆，小型客车 5 辆。计算其年缴纳车船税额并编制相关会计分录。

解答：$60 \times 96 + 2 \times 600 + 5 \times 480 = 9360$ 元

计提车船税金时，会计分录如下：

借：税金及附加——车船税　　　　9360
　　贷：应交税金——应交车船税　　　　9360

缴纳税金时，会计分录如下：

借：应交税金——应交车船税　　　　　　9360

　　贷：银行存款　　　　　　　　　　　9360

7.2.7 税款征收方式

税务机构根据企业的经营规模、企业财务制度的建立情况以及财务资料的完备度，确定企业所适用的税款征收方式，大致分为以下几种。

- 自核自缴，主要突出企业的纳税自觉性，适用于财务制度相对健全，且能按时自觉缴纳税金的大中型企事业单位，其缴纳程序如图7-5所示。

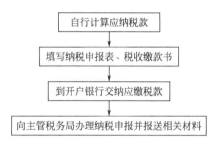

图7-5　自核自缴税款流程图

- 申报核实缴纳，适用于生产经营正常、财务制度基本健全、财务资料完整的企业，其交纳程序如图7-6所示。

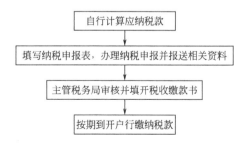

图7-6　申报核实缴纳税款流程图

- 申报查定缴纳，适用于财务制度不健全、财务资料不完备的企业。其交纳程序如图7-7所示。

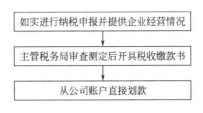

图 7-7 申报查定缴纳税款流程图

- 定额申报缴纳，主要是针对个体商户，其生产经营规模较小，不能提供准确纳税资料，由其主管税务局根据其所在地、经营面积、经营状况等核定出一个定额的应纳税款额度。

7.2.8 违反税款缴纳规定的法律责任

企业在生产经营过程中，很可能出现违反税款缴纳规定的情况，其中包括欠税，未按规定扣缴、代征税款，偷税漏税，骗税以及抗税等行为。以上情况无论是企业无意还是有意为之，一旦出现，都将会受到法律的制裁。

(1) 欠税

企业在纳税期内很可能因为疏忽而忘记申报纳税额，或者在缴税过程中少缴纳税款项，以及在欠缴税款期间，转移及藏匿其财产，使主管税务机构无法追缴其所欠税款，主管税务机关应按相关规定进行处罚。

(2) 未按规定扣缴、代征税款

扣缴义务人以及代征人未按规定进行扣缴或者代征税款的，必须按规定及时缴纳相应税款。但是纳税人拒绝代扣、代收以及纳税人拒绝缴纳或者代征人因故不能代征税款的情况下，扣缴义务人以及代征人不用为此担负责任。

(3) 偷税漏税

偷税漏税是比较常见的违反税款缴纳规定的行为。企业为了少缴纳所得税，会多做生产成本或少做收入，如买发票做账、做账外账等；也有个人为了少缴纳所得税，对于不想缴纳个人所得税的部分拿发票顶齐。对于以上情况，税务机关一旦发现，除追缴应缴纳税款外，还会根据相关规定，处以一定的罚款。

（4）骗税

骗税是指企事业单位或者其他社会机构以及个人采取对所生产或者经营的商品假报出口等欺骗手段，骗取国家出口退税款的行为。税务机关对于以上骗税行为，除追缴应缴纳税款外，也会根据相关规定，处以一定的罚款。

（5）抗税

抗税是指以暴力、威胁方法拒不缴纳税款的行为。抗税情节轻微，未构成犯罪的，由国家税务机关追缴其拒缴的税款，根据相关规定，处以一定的罚款。构成犯罪的，由司法机关依法处罚。

【例7-26】某国际股份有限公司会计在2018年10月份已计提土地使用税，但是因为疏忽，忘记申报，其应纳税额是15000元。2018年底出纳已在主管税务机构规定的限期内缴纳所欠税款，税务机构除追缴公司未缴应纳税款外，还对其处以欠缴税款0.5倍的罚款，即7500元。

分析上述案例中税务机构的做法是否正确并说明原因。

解答：税务机构的做法不对。某国际股份有限公司的上述行为构成了欠税行为，但根据相关规定，"纳税人、扣缴义务人在规定的期限不缴或者少缴应纳或应解缴的税款，主管国家税务机关应当责令其限期缴纳，逾期仍未缴纳的，国家税务机关除按照《税收征管法》第二十七条规定采取强制执行措施追缴其不缴或者少缴的税款外，并处以不缴或者少缴税款五倍以下的罚款"。某国际股份有限公司在限期内已经交清所欠税款，未逾期，所以不应被罚款。

【例 7-27】某国际股份有限公司某员工，年收入已达到 12 万元以上，但其一直未向税务机关申报，后被税务机关发现其年应缴纳个人所得税额为 17100 元，但其实际年缴纳个人所得税额为 14220 元，偷税额为 2880 元，税务机关对其处以偷税额 0.5 倍的罚款。

上述案例中，主管税务机关的做法是否合理？

解答：主管税务机关的做法是合理的。根据相关规定，"偷税数额不满 1 万元或者偷税数额占应纳税额不到 10％的，由税务机关追缴其偷税款，处以偷税数额 50％以上 5 倍以下的罚款"。所以，税务机关对其处以偷税额 50％的罚款是合理的。

【例 7-28】某国际股份有限公司老总为了使企业少交所得税，授意出纳每月在给员工做工资表时，多报员工工资，平时买一些"真"发票入账，并要求出纳在原有基本银行存款账户之外，另外找一个银行再开一个账户，但不能在税务处登记。

分析上述案例中，企业老总的授意是否违法并做出具体说明。

解答：某国际股份有限公司老总的授意共有 3 处违法。

- 要求出纳多做员工工资，是虚假纳税申报行为，属于偷税。
- 要求出纳平时买发票入账也是假借不存在的费用或者成本达到偷税的目的。
- 要求出纳另开银行存款账户但不在税务处登记，以隐藏其大量收入，同样也是偷税行为。

根据相关规定，以上 3 种偷税行为均违反《税收征管法》。针对此种情况，其主管税务机关一般在责令其补缴偷税额的同时，还根据其偷税额度进行一定的行政处罚，偷税额度较高的还要依法追究其刑事法律责任。

7.3 了解五险一金

国家强制性规定，企业必须为本企业员工缴纳社会保险，以保障企业员工在生、老、病、死、伤、残、失业等情况下的利益，为其做出相应的经济补偿。而对于出纳来说，去社保机构办事，是比较头疼的。面对人满为患的办事大厅，迷茫而不知所措，互相打听办事流程，排半天队又被告知资料不全，浪费半天时间的事情比比皆是。所以，了解社保机构的办事程序尤为重要，不仅可以为自己节省时间和体力，同时也可以提高整个部门甚至整个企业的办事效率。

7.3.1 企业新参保业务程序

对于新成立的公司，要想为员工办理社保，首先，企业要与所在开户银行签订无合同号的《北京市同城特约委托收款付款授权书》，这样就不用每个月亲自前往社保大厦缴纳相关款项了。每月月初，银行会帮企业自动代缴企业应缴纳的社保以及医保。出纳可以在每月10号左右，到开户银行回单柜拿到银行代扣社保、医保的凭单，用于月底做账。

企业办理新参保业务时，应向社保中心提供以下资料：

- 与开户银行签订的《北京市同城特约委托收款付款授权书》。
- 企业《营业执照》副本。
- 一证通。
- 银行《开户许可证》。

以上所有资料均需原件及复印件各一份，原件用来审核，复印件由社保中心留存，其中复印件均为A4纸，并加盖企业公章。

除了以上资料，同时还需要在社保网站下载或者到社保中心领取《北京市社会保险单位信息登记表》一式两份，加盖企业公章。

企业向社保中心提交上述所有材料后，等待审核结果。审核批准后，只需去关联一下一证通即可，无须再去社保局办理。

7.3.2 企业员工五险参保

为企业员工办理五险参保手续，用社保的专业术语说，即办理"增员"，将员工的个人信息增加到北京市社保系统以及企业社保系统内。

登录社保局网站或者首信公司网站，下载企业普通版采集软件以及升级补丁，按提示完成安装。

登录企业版采集软件（用户名默认为"Admin"，密码为"1"），将从社保机构复制的单位信息导入软件中。

(1) 录入人员基本信息

根据新参保人员的个人信息，填写《个人信息登记表》，最后由新参保人员本人签字。

《个人信息登记表》填写完成后，根据表格所反映的信息，在社保软件中录入新增人员的五险相关信息，录入的流程如下：在软件中，单击"基本信息管理"→"个人信息录入"→选择单位名称→分别在三个页签中填写相关信息（五险共有信息、四险专有信息、医疗专有信息）→单击"保存"。

录入个人信息时应注意以下问题：

- 以本人填写的《个人信息登记表》为准。
- "个人身份"指标必须录入，选择"工人"或者"干部"。
- 输入缴费工资以及身份证号时，务必使用半角状态下的输入法。

- 新参保的员工，其缴费工资以签订合同的第一个月的工资为基数。
- 个人填写医疗定点医院时，应遵循就近原则，填写的四家医院中，必须有一家基层医疗机构，如社区卫生服务中心等。
- 北京市由于 2009 年 11 月实行五险合一政策，在选择参加险种时，四险和医疗必须同时选择，不可只选择四险或只选择医疗保险。

(2) 增员信息录入

人员基本信息录入完毕之后，需要将新增人员的信息再在增员模块中录入，其程序基本如下：个人变更登记→增员→输入单位名称→确定增员单位→查询→在增员标识处选择需要增加的人员→分别设置四险及医疗的个人缴费原因→单击设置→增员→打印。

提示：新参保人员的个人缴费原因为"新参统"；以前参加过社保的人员，个人缴费原因为"本区调入"或者"外区调入"。

(3) 信息报盘

个人基本信息录入完毕，增员模块也录入完毕之后，必须要将以上保存的信息存盘，报社保机构，也就是信息报盘，其流程大致如下：数据交换→信息报盘→选择单位名称→查询→核对"单位基本信息""个人基本信息""增员"→报盘→设置存盘路径→保存（保存的文件为 dat 文件）。

(4) 递交新参保职工材料清单

- 企业《社会保险登记证》。
- 户口簿首页及本人页复印件一份（仅外埠城镇职工提供）。
- 本人身份证明复印件两份（二代身份证需要复印正反面）。
- 两张一寸免冠白底彩色照片。

- 存有报盘信息的 U 盘。
- 打印出的《北京市社会保险参保人员增加表》一式两份。

注意：未参加社会保险人员还需要填报《北京市社会保险个人信息登记表》（一式两份），将一份《北京市社会保险个人信息登记表》与身份证复印件正面朝外粘贴在一起；凡涉及复印件时均要用 A4 纸复印并加盖企业公章。

带齐以上材料，即可在每月 5 号至 25 号之间提交给社保办事机构。经审核批准后，新参保人员即被成功增加。

单位经办人在办理完成员工参保手续两个月后的 25 号至月底，持《社会保险登记证》、单位介绍信、领取人身份证原件前往指定领取地点领取新参保人员医保存折；曾经参保又发生过单位调转的员工仍使用原医保存折；单位经办人在办理完成员工参保手续三个月后，可到相应的社保发卡办领取企业参保人员的社会保障卡。

7.3.3 企业员工减少社会保险

根据北京市劳动和社会保障的相关法律，企业必须为员工缴纳社会保险，但同时，同一个人只能缴纳一份社会保险。由于员工的离职，原企业必须先为离职员工办理社会保险减少，新企业才可以为员工再办理社会保险增加业务，继续为员工缴纳社会保险。办理社会保险人员减少，在社保专业术语中称为"减员"，其操作流程如下。

(1) 减员信息录入

与增员一样，企业在办理减员时，也要在减员模块中录入员工相关信息，其流程大约如下：个人变更登记→减员→输入单位名称→确定减员单位→查询→在减员标识处选择需要减员人员—分别设置减员原因→单击设置→减员→打印《北京市社会保险参保人员减少表》，一式两份。

(2) 信息报盘

减员模块录入操作完成后，也要将减员信息报盘，其程序如下：数据交换→信息报盘→选择单位名称→查询→核对"单位基本信息""个人基本信息""减员"→报盘→设置存盘路径→保存在U盘上（保存的文件为dat文件）。

操作完成后，带单位《社会保险登记证》、减少人员身份证复印件、《北京市社会保险参保人员减少表》一式两份以及存有减员信息的U盘到社保机构五险征缴窗口办理减员手续。办理结束后，减员即刻生效。

7.3.4 企业社会保险变更

企业在经营过程中，由于发展的需要可能会变更企业名称、企业开户银行账户或其他项目。在企业相关项目变更完成后，需要到社保机构也做相应的企业登记资料的变更。

(1) 企业名称变更需要提供的材料

- 企业名称发生变更后，需要向社保机构提供变更企业名称的申请。
- 企业变更后的营业执照副本以及工商局出具的《名称变更通知》的复印件。
- 《社会保险登记证》原件。
- 变更后的《开户许可证》原件和复印件。
- 与银行重新签订的《北京市同城特约委托收款付款授权书》复印件。

(2) 企业开户银行账户变更需要提供的材料

企业开户银行账户发生变更的，需要向社保机构提供《社会保险登记证》原件、与银行重新签订的《北京市同城特约委托收款付款授权书》复印件、变更后的《开户许可证》原件和复印件。

(3) 企业其他项目变更需要提供的材料

企业变更其他项目时，需要向社保机构提供企业《社会保险登记证》原件、营业执照副本复印件。

提示：以上提供的资料中，涉及复印件时均要用A4纸复印并加盖企业公章。

除提供以上资料外，企业还需要填写《北京市社会保险单位信息变更登记表》一式两份，并加盖企业公章。带齐以上资料，企业即可向社保机构提交资料，等待审核被批准。

7.3.5 员工社会保险缴费基数核定

由于人们生活水平的不断提高，社会平均工资水平也水涨船高。社会保险以及医疗保险的缴费基数与社会平均工资水平成正比，所以，北京市每年3月底到4月底之间都要对社保缴费基数进行核定，以保障员工的利益。

(1) 缴费工资基数的确定

社会保险按照员工工资的一定比例缴纳，员工工资又随着企业发展逐步增加。所以，企业为员工缴纳社保的缴费工资基数也应随着员工工资的增加而增高。

按规定，缴费工资基数应为员工实际工资总额，包括基本工资、津贴、奖金、加班加点工资、各种补贴等相加之和。若为新参加工作的员工，则其缴费基数为参加工作第一个月的工资额；其他员工社会保险缴费工资基数应该是上一年度月平均工资，四险缴费工资基数最低即下限不能低于北京月社平工资的40％，医疗保险缴费工资基数最低不能低于北京月社平工资的60%，五险缴费工资基数最高即上限不超过北京月社平工资的300%。

例如，北京月平均工资为4037元，对于在职职工，则五险缴费工资基数上限为12111元，四险下限为1615元，医疗下限为2422。月收入低于1615元的，按1615元计算；高于12111元的，按12111元计算；月收入在1615元至12111元之间的，缴费基数按本人上一年度实际月平均工资计算。

【例7-29】某国际股份有限公司出纳在核算员工工资时，对于职工生活困难补助、防暑降温费、住房公积金、补充医疗保险这几项不知该如何处理。

解答：根据相关规章制度，以上几项均不应计入工资总额，在计算缴费基数时应予剔除。

【例7-30】某国际股份有限公司员工张仁上年度月平均工资为1800元，赵乐上年度月平均工资为1450元，王兰上年度月平均工资为3500元，企业在为三人缴纳五险时，缴费工资基数分别为多少？

解答：张仁上年度月平均工资为1800元，则最后核定的养老、失业、工伤的缴费基数为1800元，医疗、生育的缴费基数为2422元。

赵乐上年度月平均工资为1450元，则最后核定的养老、失业、工伤的缴费基数为1615元，医疗、生育的缴费基数为2422元。

王兰上年度月平均工资为3500元，则最后核定的养老、失业、工伤、医疗、生育的缴费基数均为3500元。

(2) 缴费工资基数的核定程序

以企业员工社保的缴费工资基数为例，其核定程序如下：

- 如单位软件系统内原有数据和人数准确，则无须到社保下载；如不准确，则应先带公司《社会保险登记证》以及U盘，到社保机构五险征缴窗口下载本单位的五险基础数据（两个文件，均为 dat 文件，一个是带单位全称的，一个是带 SX 的）。

- 登录北京市社会保险系统企业管理子系统，单击数据采集，进入操作界面，单击数据交换—医疗基础数据导入—浏览，选中 U 盘中带单位全称的 dat 文件，单击导入；然后单击数据交换—四险基础数据导入—浏览，选中带 SX 的 dat 文件，单击导入即可（导入完基础数据后，要核对单位和个人的信息，如不一致应及时变更）。

- 单击工资核定—工资变更，选择业务年度，单击查询，选择参加四险人员列表，在申报月工资收入中逐个输入新的上年月均工资，录完后单击全部选择，保存，再单击全部选择，设置好存盘路径，将工资信息导出到 U 盘上。

- 单击参加医疗人员列表，单击全部选择，保存，再单击全部选择，选工资导出到 U 盘。

- 选择报表打印，单击北京市上年月均工资收入申报表，选择年度，单击查询，然后打印即可。

- 携带 U 盘和打印的报表（一式两份）到社保中心五险征缴窗口办理基数核定手续。

企业每年必须按照社保机构的规定核定缴费工资基数，如未及时核定缴费基数，社保机构则按北京市社会平均工资为员工缴纳社会保险。企业如果想变更为员工缴费工资基数，则必须等到次年缴费工资基数核定时方可办理。

7.3.6 员工社会保险补缴

由于种种原因，企业员工有可能中断社会保险的缴纳，如离职员工新单位社会保险办理不及时等。这种情况下，企业可以为员工办理社会保险补缴，将中断未缴纳的费用补齐。由于中断缴费的时间不同，在办理社会保险补缴时就分为三个月内补缴和三个月外补缴。

三个月内补缴即只补缴增员前三个月的社会保险费用，其相关流程及提供资料如下：

- 填写《社会保险补缴申请表》（申请表中说明补缴原因，申请补缴期间是否有医疗费用发生，本人、经办人及单位负责人签字）。
- 《基本医疗保险基金补缴情况表》一式两份。
- 《北京市社会保险费补缴明细表》一式两份。
- 《北京市社会保险费补缴汇总表》一式三份。

三个月外不跨年补缴即除补缴当年未缴社会保险费用外，跨年度无法办理补缴。办理补缴除提供三个月内补缴需要的以上资料外，还需要提供以下资料：

- 报盘资料。
- 身份证复印件两份。
- 营业执照副本原件及复印件一份。

复印件均用 A4 纸，以上所有资料加盖企业公章。带齐资料后，上交社保机构五险征缴窗口等待审核。

办理补缴的时间一般为每月 5 日至 25 日之间；当年补缴审核当时出审核结果，批准补缴，则费用与每月月初银行代扣社保的费用一起扣除；三个月外补缴提交审批后，当日拿审批表及其他相关表格到补缴窗口进行办理。

【例 7-31】某国际股份有限公司在给员工缴纳社保时，对于试用期内的社保，公司一律不给缴纳。

分析上述案例中，企业的做法是否正确并说明理由。

解答：某国际股份有限公司的做法是错误的。国家对于员工社保的缴纳是强制性的，并且社保机构规定，对于员工试用期期间的社保，企业也应该为其按时缴纳。对于拒绝为员工缴纳试用期社保的企业，社保机构一旦查出，必然按照相关规定对企业做出相应的处罚。

7.3.7 企业整体转出、转入业务

企业在经营过程中，可能会发生注册场所的变更。此时，企业应于每月5号至25号到社保机构办理企业整体转入或转出。办理整体转出时需要提供企业五险最后一个月的银行托收单复印件，并填写《北京市社会保险单位信息变更登记表》一式三份。提交以上材料后，等待审核，审核批准后领取《基本医疗保险关系跨区转移证明》。

提示：企业必须在无历史欠费并报销完一切费用的情况下才可办理整体转出。

办理整体转入时需要提供的资料如下：

- 由转出地区审核盖章后的《北京市社会保险单位信息变更登记表》一份。
- 由转出地区开具的《基本医疗保险关系跨区转移证明》。
- 营业执照副本复印件。
- 与开户银行重新签订的《北京市同城特约委托收款付款授权书》复印件一份。

凡涉及复印件时均要用A4纸复印并加盖企业公章。提交以上资料并审核成功后，企业即可继续为员工缴纳社会保险及医疗保险。

7.3.8 企业社会保险注销登记

企业因经营不善或其他原因需要解散、注销时，应一并注销企业社会保险关系。注销社会保险关系时需要提供以下资料：

- 工商局出具的注销证明复印件。
- 《社会保险登记证》原件（三证合一后的企业无此证，不需要

提供）。

- 五险最后一个月的银行托收单复印件。
- 《北京市社会保险单位信息变更登记表》一式两份。

凡涉及复印件时均要用 A4 纸复印并加盖企业公章。提交以上资料并审核成功后，企业即可注销社保关系。

注意：办理注销时，企业必须无欠费记录。

7.3.9　住房公积金开户流程

住房公积金是单位及其在职职工缴存的住房储蓄，通常说的"五险一金"中的"一金"指的就是住房公积金。住房公积金为企业员工提供了一部分住房保障，在一定程度上提高了员工的生活质量。单位和个人缴存的住房公积金存入职工个人账户，归职工个人所有。公积金个人账户上的存款按银行复利计算利息，存款可用于住房公积金贷款，其利息低于商业贷款；员工在职时可提取，退休时本息结清返还员工本人，是对企业员工的另外一种形式的福利保障。

(1) 单位住房公积金账户开户登记

和社保一样，企业为员工缴纳住房公积金时，首先要在住房公积金管理部开通企业账户，即单位登记。单位登记应提供的材料如下：

- 《营业执照》副本或其他可证明企业在工商机构注册的相关文件。
- 一证通关联协议书。
- 法定代表人或负责人身份证复印件。
- 单位经办人的身份证。
- 单位填制的管理中心统一印制的《单位登记表》一份，加盖单位公章。

以上提供的信息，如无特殊说明，均要提供原件及复印件。原件由柜台办事人员审核后交回,复印件留存住房公积金管理部。

企业到管理部办理单位登记时,可按照以下流程来办:

① 带齐加盖单位公章的以上相关资料,按就近原则,到住房公积金管理部向管理部接柜人员提交以上材料,等待审核。

② 审核无误后,管理部柜台人员将《单位登记表》的有关信息录入归集系统。

③ 操作完成后,系统自动为本企业生成单位登记号(单位登记号在系统内始终唯一,是单位在管理中心办理各项业务的标识)。

④ 管理部柜台人员打印机制《单位登记表》一份,样式如表7-3所示。

表7-3 单位登记表

单位全称:　　　　　　　　　　　　　年　月　日

单位基本情况	组织机构代码			性质代码	
	单位证件名称		单位证件号码		
	法定代表人或负责人		证件号码		
	单位地址			邮政编码	
	是否具备法人资格:(　)法人　(　)非法人		单位预算代码		
	单位上级主管部门				
	单位电子信箱				
单位应提交证件材料	□单位设立批准文件及复印件				
	□法人证书副本及复印件				
	□营业执照副本及复印件				
	□组织机构代码证副本及复印件				
	□法定代表人或负责人身份证复印件				
	□单位经办人身份证复印件				
	□其他(请注明)				
受理结果	经审查,您单位提供的资料完整,我管理部对贵单位登记申请予以受理,受理时间为____年___月___日。 您单位的登记号为:　　　　　接柜:　　　　　管理部盖章:				

⑤《单位登记表》经单位经办人核对无误后,管理部柜台人员盖章退单位经办人,并将单位登记号手工标注在单位填制的《单位登记表》右上角处。

⑥ 企业预留印鉴在管理部,这也是企业以后办理住房公积金时的重要标识。印鉴卡样式如表7-4所示。

表 7-4 北京住房公积金管理中心管理部印鉴卡

单位登记号：

单位名称	
所在区县	
主管部门	
电话：	年　　月　　日启用
印鉴使用说明：	
印模：	

单位主管：　　　　复核：　　　　填制：

注意：印鉴卡必须到管理部柜台领取。

(2) 单位汇缴住房公积金

汇缴住房公积金指企业在住房公积金管理部开通账户之后，需要为员工办理缴纳住房公积金的业务。

汇缴住房公积金应提供的材料如下：

- 单位填写管理中心统一印制的《住房公积金汇缴书》。
- 汇缴人员有变化时，单位填写管理中心统一印制的《住房公积金汇缴变更清册》一式两份，加盖单位印章，一份单位留存，一份报管理中心。
- 通过银行汇款方式汇缴住房公积金的单位填写《单位汇款缴存公积金备案表》。

填写好以上表格之后，按照以下程序进行住房公积金汇缴：

- 企业可以通过银行托收的方式缴款，办理住房公积金的汇缴业务。
- 企业与管理部签署由住房公积金管理中心统一印制的《委托银行收款缴交住房公积金协议》。
- 企业与开户银行签订《北京市特约委托收款付款授权书》。
- 协议签订后，管理部在系统中为单位办理委托收款登记。
- 住房公积金管理中心会计处每月按约定的时间通过系统汇总委托收款信息，办理银行托收。

- 管理部查询收款成功信息,办理住房公积金汇缴分配,将汇缴金额计入个人账户。
- 对于托收未成功的单位,管理部通知单位收款失败,重新办理托收手续。

(3) 住房公积金的提取

住房公积金除可以在买房时办理贷款外,员工也可在买房时,一次性提取其个人公积金账户中的存款余额或者在租房时办理定期提取。公积金账户余额提取的相关业务一般会由公司出纳来办理,办理时,出纳应提交的资料如下:

- 单位应按照《北京住房公积金提取管理办法》第四章关于提取证明材料的规定,提供职工个人相关提取材料的原件及复印件。
- 职工用于偿还自住住房贷款本息的提取,还应补充提供购房合同复印件,用于判断房屋性质。
- 填写管理中心统一印制的《提取申请书》《住房公积金提取清册》。

公积金账户个人存款余额的提取程序如图 7-8 所示。

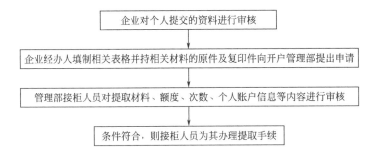

图 7-8 住房公积金账户个人存款余额的提取程序

(4) 个人住房公积金账户的转移

员工更换工作单位,住房公积金也会随之转移,以保证其权益的连续性，住房公积金的转移程序如下：

① 职工在新调入单位的归集部门开立公积金账户，并提供开户证明。

② 由调出单位根据职工住房公积金分户的账面余额，填制一式四联《住房公积金转移通知书》，送交归集部门办理转移手续。

③ 在新调入单位做增加时，需要提供调入员工的身份证号码，并填制相关表格。

（5）住房公积金月缴存额的确定

住房公积金年度缴存比例为12%，即企业和员工各按照员工工资的12%来缴存。但与社保相同的是，住房公积金缴存额上限为上年度北京市职工月平均工资的300%。如北京市全市职工月平均工资为4201.25元，则住房公积金月缴存额上限的计算公式为：个人缴存部分＝4201.25×300%×12%＝1512.45元，单位缴存部分＝4201.25×300%×12%＝1512.45元。员工住房公积金月缴存额上限则为5548元。原则上不允许住房公积金缴存额突破缴存额上限。住房公积金缴存额下限为北京市最低工资标准2120元，则住房公积金月缴存额下限的计算公式为：个人缴存部分＝2120×12%＝254.4元，单位缴存部分＝2120×12%＝254.4元，员工住房公积金月缴存额下限则为508元。

【例7-32】某国际股份有限公司员工卫平上年度月平均工资为800元，赵新上年度月平均工资为2000元，贾兰上年度月平均工资为13000元，企业在为三人缴纳住房公积金时，月缴存额分别为多少？

解答：根据住房公积金缴纳规定，三人月缴存额分别如下。

卫平个人与单位月缴存额均为：960×12%＝115.2元

赵新个人与单位月缴存额均为：2000×12%＝240元

贾兰个人与单位月缴存额均为：4201.25×300%×12%＝1512.45元

(6) 住房公积金年度跨年清册核定

与社保每年的缴费工资基数核定一样，随着员工工资每年的变化，其住房公积金每年的缴存基数也各不相同，核定缴存基数的时间大约在每年6月初到6月底之间，其流程如下。

① 使用一证通登录公积金官网或者到住房公积金管理部门下载住房公积金系统安装压缩包以及单位数据。

② 安装从公积金管理部门下载的系统安装程序。双击桌面上的"住房公积金系统单位版"快捷方式，无须密码，直接单击"确定"进入系统，如图7-9所示。

图7-9　住房公积金管理系统登录界面

③ 在住房公积金管理系统操作界面主菜单中，选择"初始化"—"单位信息录入"命令，弹出"单位信息录入"对话框，如图7-10所示。然后单击"修改"按钮，根据企业实际情况填写系统窗口中的相关信息，单击"保存"按钮，退出该对话框。

④ 在住房公积金管理系统操作界面主菜单中，选择"初始化"—"个人信息录入"命令，弹出"个人信息录入"对话框，如图7-11所示。单击"选择导入文件"按钮，弹出文件所存盘符及路径，选择从管理部下载的单位数据压缩包，单击"打开"按钮。

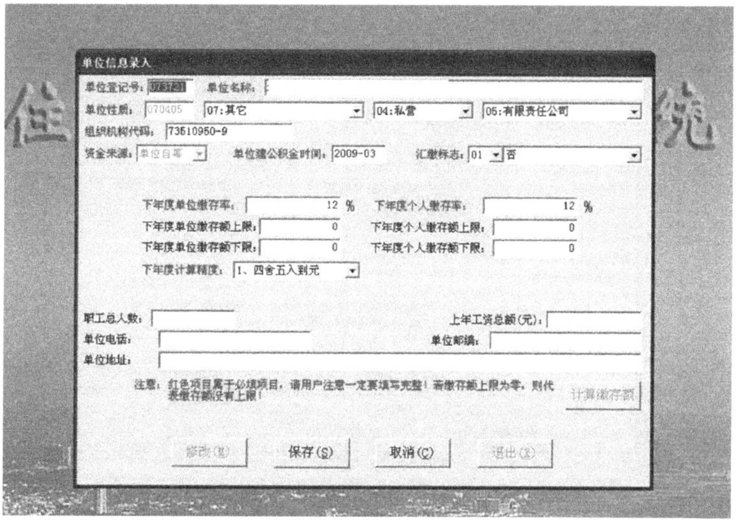

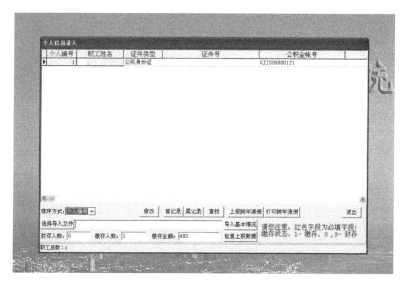

图 7-10 单位信息录入

图 7-11 导入员工信息

⑤ 在"个人信息录入"对话框中,单击"导入基本情况"按钮,将员工信息导入软件中,待导入完成后,单击"确定"按钮。

⑥ 在"个人信息录入"对话框中,选择员工姓名,单击"修改"按钮,出现"个人信息详细情况"对话框。根据员工实际情况,对其个人信息详细情况进行修改,并保存,如图 7-12 所示。

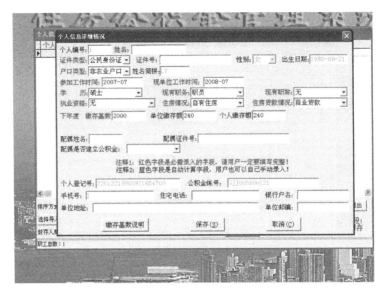

图 7-12 修改员工信息

⑦ 所有员工信息修改完成并保存后,单击"个人信息录入"对话框中的"检查上报数据"按钮,检查个人信息填写是否正确,不正确的要及时修改。所有信息填写正确并保存后,单击"上报跨年清册"按钮,出现"上报电子数据"对话框,选择存盘路径,并单击"确定"按钮,如图 7-13 所示。

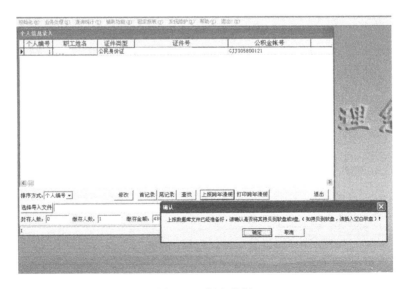

图 7-13 保存数据

⑧ 在"个人信息录入"对话框中,单击"打印跨年清册"按钮进行打印,并在打印出的文件上加盖单位公章。

⑨ 带存有员工跨年清册电子版数据的 U 盘和纸质的跨年清册,到住房公积金管理部上报数据。至此,住房公积金年度跨年清册核定完成。

注意:每名员工信息必须逐一录入,缴存基数无变化的员工,也要重新录入。

第8章　出纳要懂的其他知识

出纳在日常工作中,除具备前面所讲的专业技能外,还必须懂得一些其他知识,如每月月底发放工资的程序以及应注意的问题,在工作中应掌握的一些办公软件的使用技巧,以及为了日后的职业发展规划,必须了解的一些会计财务报表。相关知识掌握得越多,工作做起来才会更加得心应手。

8.1 工资的核算

出纳有一项重要的工作，就是货币资金的收付。对于很多没有在开户银行办理委托代发员工工资的企业来说，发放工资这项任务就主要由出纳来完成。发放工资前先要核算工资，之后制作工资表，根据工资表中要发放的工资总额取现，最后发放工资。在此过程中，稍不注意就会出现算错工资、点错钞票、发错工资的情况，很可能给员工、给企业、给自己带来一些不必要的纠纷。所以，出纳在发放工资时务必细心、认真、谨慎。

8.1.1 核算工资

影响员工工资的因素有很多，主要有地域差异、企业性质区别、行业区别、岗位区别、资历以及个人能力等因素。由于以上种种因素的影响，员工的工资组成部分便不尽相同。出纳核算工资时，主要是针对各个员工的每个工资组成部分进行计算和核对，得出实发工资数。

以某国际股份有限公司为例，其工资结构如图 8-1 所示。

序号	姓名	基本工资	交通补贴	餐补	话费补贴	加班工资	绩效奖金	全勤奖金	工资总额	五险应扣额	住房公积金应扣额	个人所得税	实发工资	签名

图 8-1 工资结构图

其中：

实发工资＝工资总额－五险应扣额－住房公积金应扣额－个人所得税

工资总额＝基本工资＋各种补贴＋加班工资＋奖金

个人所得税＝(工资总额－五险一金应扣额－允许扣除费用 3500 元)×适用税率－速算扣除数

注意：如果有津贴，工资总额中还应有津贴；五险应扣额和住房公积金应扣额为企业代为缴纳的个人应缴款部分。

出纳应该按照相关单据，如员工考勤记录表、银行代扣五险一金凭单、话费发票等认真核算员工工资，对于工资中的任何一个组成部分，均要确保准确无误。

8.1.2 编制工资表

出纳根据核算出的相关数据，做出汇总，并据此编制工资表。工资表一般一式三份，一份作为结算凭证即记账联，在月底时交给会计入账；一份企业自己存根，以备税务部门检查；一份针对每个员工裁成工资条，和工资一并发给员工。

【例8-1】某国际股份有限公司出纳根据员工的相关考勤记录、银行代扣代缴的相关凭单以及员工提供的话费发票于2019年3月31日编制员工工资表，如表8-1所示。

表8-1 员工工资表

工资表

单位：某国际股份有限公司　　　　2019-3-31

序号	姓名	基本工资	交通补贴	餐补	话费补贴	加班工资	绩效奖金	请假扣除工资额	全勤奖金	工资总额	五险应扣额	住房公积金应扣额	个人所得税	实发工资
1	张三	3500.00	300.00	160.00	100.00	0.00	500.00	0.00	0.00	4560.00	276.50	276.00	18.23	4089.57
2	王小小	2000.00	200.00	220.00	50.00	0.00	0.00	0.00	200.00	2670.00	215.50	240.00	0.00	2419.20
3	魏征	6000.00	400.00	100.00	200.00	600.00	500.00	0.00	0.00	7800.00	452.80	600.00	206.28	6406.52
4	李明	8000.00	400.00	120.00	200.00	400.00	500.00	0.00	0.00	9620.00	637.50	720.00	349.50	7673.00
5	李四	2000.00	100.00	150.00	50.00	300.00	0.00	0.00	0.00	2600.00	215.50	240.00	0.00	2352.70

8.1.3 取现

出纳将工资表编制完成以后，根据表中实发工资合计金额，按规定填制好现金支票。但出于安全考虑，现金支票的密码尽量在到达银行后取现时再行填写。这样，在取现之前，即使现金支票丢失，因支票上尚未填写密码，持有此张支票的人也不能使用。

同样，为了安全起见，支票和其对应的密码应尽量由不同的人保管，如出纳保管空白支票，财务主管保管支票密码，避免因支票及其密码同时丢失而被他人所利用。

提示：当提取大额现金时，应至少有一人陪同，保证款项的安全。

8.1.4　发放工资

现金提取完成后，出纳应按照工资表中的实发工资数额，依次发放工资。员工在拿到工资之后应当面点清钞票金额，并与工资表中的实发工资数额进行核对，避免因工资发放错误而出现纠纷；员工领取工资后应亲自签名，证明工资已支付。

8.1.5　发放工资的相关会计分录

发放工资时，每个环节都应有会计分录，确保企业现金日记账、银行存款日记账的正确性以及记账凭证中借贷各方的平衡。

【例 8-2】某国际股份有限公司 2019 年 3 月底发放工资，行政管理人员工资共计 113000 元，车间管理人员工资共计 42600 元，车间生产工人工资共计 43000 元，扣除企业代员工缴纳的社保共计 17975 元，扣除企业代员工缴纳的住房公积金共计 20760 元，扣除员工个人所得税共计 16590 元，企业为员工缴纳社保 53925 元，企业为员工缴纳住房公积金 20760 元。根据以上数据，编制相关会计分录。

计提工资时，编制会计分录如下：

借：管理费用　　　　　　　　　　113000
　　制造费用　　　　　　　　　　42600
　　生产成本　　　　　　　　　　43000
　　贷：应付职工薪酬　　　　　　　　198600

发放员工工资时，编制会计分录如下：

借：应付职工薪酬　　　　　　　　　　　　　　　198600

　贷：应交税金——个人所得税　　　　　　　　　16590

　　　其他应付款——社保费用（注：个人）　　　17975

　　　其他应付款——个人住房公积金（注：个人）　20760

　　　库存现金　　　　　　　　　　　　　　　　143275

缴纳社会保险时，编制会计分录如下：

借：管理费用——社保费用（注：单位）　　　　　53925

　　其他应付款——社保费用（注：个人）　　　　17975

　贷：银行存款　　　　　　　　　　　　　　　　71900

缴纳住房公积金时，编制会计分录如下：

借：管理费用——住房公积金（注：单位）　　　　20760

　　　其他应付款——住房公积金（注：个人）　　20760

　贷：银行存款　　　　　　　　　　　　　　　　41520

缴纳个人所得税时，编制会计分录如下：

借：应交税金——个人所得税　　　　　　　　　　16590

　贷：银行存款　　　　　　　　　　　　　　　　16590

8.2　出纳人员应具备的办公自动化技巧

出纳在工作中经常会遇到很多需要核算的表格，如年终所得税的核算、年初汇算清缴时的核算、月底工资表的核算、平时财税报表的核算等。这些大部分是表格内数据之间的计算，而 Excel 作为一种常用的数据处理的软件，其中包含很多函数公式，使用这些函数公式进行表格内数据之间的处理，会给出纳的工作带来极大的方便，减少了计算器操作的不便，更降低了出错率。

8.2.1　工资表的建立

下面就以某国际股份有限公司2019年3月31日的部分员工工资表为例，具体说明一下出纳在Excel表格中经常用到的工具。

① 在电脑桌面上单击右键，在弹出的快捷菜单中选择"新建"—"Microsoft Excel 工作表"命令，即可建立一个新的Excel表格，双击其图标，进入Excel窗口，如图8-2所示。

图 8-2　Excel 窗口

提示：在图8-2中，工具栏下方标记的A，B，C，D…分别用于标明表格中的各列，表格左边缘的数字则标明各行，"列标"与"行号"用于确定一个单元格的位置，如A1表示A列中的第一行单元格，C3表示C列中的第三行单元格。

② 使用键盘上的左、右、上、下方向键可以将光标移至各单元格上，选定了当前单元格，就可以在单元格中输入文字信息。单击A1单元格，在A1单元格中输入"序号"；按右方向键，在B1单元格中输入"姓名"；重复前面的操作，依次在右边各列输入"基本工资""交通补贴""餐补"等，如图8-3所示。

	A	B	C	D	E	F	G	H	I	J	K	L	M	N	O
1	序号	姓名	基本工资	交通补贴	餐补	话费补贴	加班工资	绩效奖金	请假扣除工资额	全勤奖金	工资总额	五险应扣额	住房公积金应扣额	个人所得税	实发工资
2															

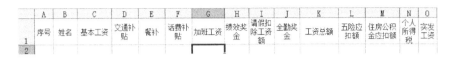

图 8-3　工资组成部分的输入

提示：输入过程中，可能会出现字符太长，被右边单元格直接覆盖的情况，如 G 列，“加班工资”的后两个字被 H 列覆盖，可将光标移至列标“G”的右边框处，光标即变为十字光标，此时可按住鼠标左键拖动十字光标，选择合适的列宽。

③ 在 A2 单元格中输入数字“1”，A3 单元格中输入数字“2”，单击 A2 单元格，不放鼠标，拖动至 A3 单元格，此时可看见 A3 单元格的右下角有一个十字光标，拖动十字光标至 A6 单元格，则“序号”列显示如图 8-4 所示。

	A	B	C	D	E	F	G	H	I	J	K	L	M	N	O
1	序号	姓名	基本工资	交通补贴	餐补	话费补贴	加班工资	绩效奖金	请假扣除工资额	全勤奖金	工资总额	五险应扣额	住房公积金应扣额	个人所得税	实发工资
2	1														
3	2														
4	3														
5	4														
6	5														

图 8-4　工资表中的“序号”列

④ 单击 C 列不放拖动至 O 列，右键单击，在弹出的快捷菜单中选择“设置单元格格式”命令，弹出“单元格格式”对话框。在“数字”选项卡下，在“分类”列表框中选择“货币”选项。在右侧的面板中，设置“小数位数”为“2”，“货币符号”为“无”，如图 8-5 所示，然后单击“确定”按钮。

⑤ 在 B 列至 J 列，依次依据员工的相关信息以及相关凭单反映出的数据填入各项信息，如图 8-6 所示。

⑥ 单击 C2 单元格不放，将鼠标拖动至 K2 单元格，单击工具栏中的自动求和函数符号“Σ”，则表格自动算出该员工工资总额并显示在 K2 单元格中。还有一种比较笨的办法就是单击 K2 单元格，输

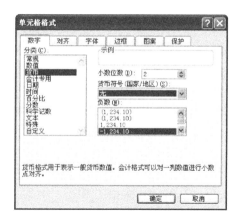

图 8-5　设置单元格格式

	A	B	C	D	E	F	G	H	I	J	K	L	M	N	O
1	序号	姓名	基本工资	交通补贴	餐补	话费补贴	加班工资	绩效奖金	请假扣除工资额	全勤奖金	工资总额	五险应扣额	住房公积金应扣额	个人所得税	实发工资
2	1	张三	3,500.00	300.00	160.00	100.00	0.00	500.00	0.00	0.00					
3	2	王小小	2,000.00	200.00	220.00	50.00	0.00	0.00	0.00	200.00					
4	3	魏征	6,000.00	400.00	100.00	200.00	600.00	500.00	0.00	0.00					
5	4	李明	8,000.00	400.00	120.00	200.00	400.00	500.00	0.00	0.00					
6	5	李四	2,000.00	100.00	150.00	50.00	300.00	0.00	0.00	0.00					

图 8-6　填写员工信息

入“＝C2＋D2＋E2＋F2＋G2＋H2＋I2＋J2”，按 Enter 键，则 K2 单元格自动计算并显示该员工的工资总额。同时，还有另外一种求和方法，即单击 K2 单元格，在其中输入“＝SUM(C2：J2)”，按 Enter 键，结果同样自动显示在 K2 单元格中，如图 8-7 所示。

K2　=SUM(C2:J2)

	A	B	C	D	E	F	G	H	I	J	K	L	M	N	O
1	序号	姓名	基本工资	交通补贴	餐补	话费补贴	加班工资	绩效奖金	请假扣除工资额	全勤奖金	工资总额	五险应扣额	住房公积金应扣额	个人所得税	实发工资
2	1	张三	3,500.00	300.00	160.00	100.00	0.00	500.00	0.00	0.00	4,560.00				
3	2	王小小	2,000.00	200.00	220.00	50.00	0.00	0.00	0.00	200.00					
4	3	魏征	6,000.00	400.00	100.00	200.00	600.00	500.00	0.00	0.00					
5	4	李明	8,000.00	400.00	120.00	200.00	400.00	500.00	0.00	0.00					
6	5	李四	2,000.00	100.00	150.00	50.00	300.00	0.00	0.00	0.00					

图 8-7　计算工资总额

⑦ 单击 K2 单元格，将光标放在此单元格右下角，会有十字光标出现，按下十字光标不放拖动至 K6 单元格，则将 K2 单元格所用的公式直接复制到了 K3 至 K6 单元格中，以上员工的工资均被自动计算出来，并显示在 K 列，如图 8-8 所示。

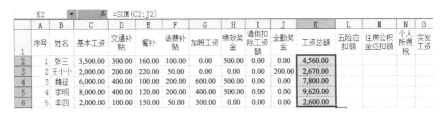

图 8-8 计算所有员工工资总额

⑧ 在 L 列、M 列、N 列分别填写员工应扣的社保、住房公积金以及个人所得税数额，如图 8-9 所示。

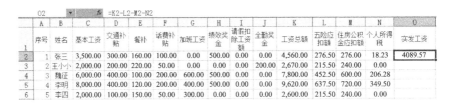

图 8-9 填写员工应扣项目

⑨ 在 O2 单元格内输入"＝K2-L2-M2-N2"，按回车键，则实发工资数额被计算出并显示在 O2 单元格内，如图 8-10 所示。

图 8-10 计算实发工资数额

⑩ 与计算其他员工工资总额的方法相同，单击 O2 单元格，将光标放在此单元格右下角，会有十字光标出现，按下十字光标不放拖动至 O6 单元格，则将 O2 单元格所用的公式直接复制到了 O3 至 O6 单元格中，以上员工的实发工资数额均被自动计算出来，并显示在 O 列，如图 8-11 所示。

⑪ 单击 A1 单元格不放鼠标拖动至 O6 单元格，则所有员工的相关信息均被选中，右键单击，在弹出的快捷菜单中选择"设置单元格

序号	姓名	基本工资	交通补贴	餐补	话费补贴	加班工资	绩效奖金	请假扣除工资额	全勤奖金	工资总额	五险应扣额	住房公积金应扣额	个人所得税	实发工资
1	张三	3,500.00	300.00	160.00	100.00	0.00	500.00	0.00	0.00	4,560.00	276.50	276.00	18.23	4089.57
2	王小小	2,000.00	200.00	220.00	50.00	0.00	0.00	0.00	200.00	2,670.00	215.50	240.00	0.00	2419.20
3	魏征	6,000.00	400.00	100.00	200.00	600.00	500.00	0.00	0.00	7,800.00	452.50	600.00	206.28	6406.52
4	李明	8,000.00	400.00	120.00	200.00	400.00	500.00	0.00	0.00	9,620.00	637.50	720.00	349.50	7673.00
5	李四	2,000.00	100.00	150.00	50.00	300.00	0.00	0.00	0.00	2,600.00	215.50	240.00	0.00	2352.70

图 8-11　计算所有员工的实发工资数额

格式"命令,弹出"单元格格式"对话框。单击"对齐"标签,打开"对齐"选项卡,设置"水平对齐"和"垂直对齐"均为"居中",如图 8-12 所示。单击"边框"标签,打开"边框"选项卡,依次单击"外边框"和"内部"按钮,如图 8-13 所示,然后单击"确定"按钮,表格排版如图 8-14 所示。

图 8-12　设置对齐方式

图 8-13　设置边框

图 8-14　表格排版

⑫ 单击行标 1,右键单击,在弹出的快捷菜单中选择"插入"命令,显示结果如图 8-15 所示。

⑬ 单击行标 1,右键单击,选择"行高",设置"行高"为

名称框	B	C	D	E	F	G	H	I	J	K	L	M	N	O
1														
2	序号	姓名	基本工资	交通补贴	餐补	话费补贴	加班工资	绩效奖金	请假扣除工资额	全勤奖金	工资总额	五险应扣额	住房公积金应扣额	个人所得税	实发工资
3	1	张三	3,500.00	300.00	160.00	100.00	0.00	500.00	0.00	0.00	4,560.00	276.50	276.00	18.23	4089.57
4	2	王小小	2,000.00	200.00	220.00	50.00	0.00	0.00	0.00	200.00	2,670.00	215.50	240.00	0.00	2419.20
5	3	魏征	6,000.00	400.00	100.00	200.00	600.00	500.00	0.00	0.00	7,800.00	452.50	600.00	206.28	6406.52
6	4	李明	8,000.00	400.00	120.00	200.00	400.00	500.00	0.00	0.00	9,620.00	637.50	720.00	349.50	7673.00
7	5	李四	2,000.00	100.00	150.00	50.00	300.00	0.00	0.00	0.00	2,600.00	215.50	240.00	0.00	2352.70

图 8-15 插入行设置

"20",单击"确定"按钮;或者拖动行标 1 下方边框处的十字光标,将行高调到合适高度。在 A1 单元格中输入"2019 年 3 月 31 日",选中 A1 单元格不放,将鼠标拖动至 O1 单元格,单击右键,在弹出的快捷菜单中选择"设置单元格格式"命令,弹出"单元格格式"对话框。单击"对齐"标签,打开"对齐"选项卡,如图 8-12 所示,勾选"合并单元格"复选框,单击"确定"按钮。此时,字符"2019 年 3 月 31 日"移至表格右上角,如图 8-16 所示。

	A	B	C	D	E	F	G	H	I	J	K	L	M	N	O
1															2019年3月31日
2	序号	姓名	基本工资	交通补贴	餐补	话费补贴	加班工资	绩效奖金	请假扣除工资额	全勤奖金	工资总额	五险应扣额	住房公积金应扣额	个人所得税	实发工资
3	1	张三	3,500.00	300.00	160.00	100.00	0.00	500.00	0.00	0.00	4,560.00	276.50	276.00	18.23	4089.57
4	2	王小小	2,000.00	200.00	220.00	50.00	0.00	0.00	0.00	200.00	2,670.00	215.50	240.00	0.00	2419.20
5	3	魏征	6,000.00	400.00	100.00	200.00	600.00	500.00	0.00	0.00	7,800.00	452.50	600.00	206.28	6406.52
6	4	李明	8,000.00	400.00	120.00	200.00	400.00	500.00	0.00	0.00	9,620.00	637.50	720.00	349.50	7673.00
7	5	李四	2,000.00	100.00	150.00	50.00	300.00	0.00	0.00	0.00	2,600.00	215.50	240.00	0.00	2352.70

图 8-16 输入发放工资日期

⑭ 单击"2019 年 3 月 31 日"所在单元格,选择表格工具栏中的居中图标;或者单击"2019 年 3 月 31 日"所在单元格,单击右键,在弹出的快捷菜单中选择"设置单元格格式"命令,弹出"单元格格式"对话框。在"对齐"选项卡中,设置"水平对齐"和"垂直对齐"均为"居中"。单击"确定"按钮,则字符"2019 年 3 月 31 日"显示为居中,如图 8-17 所示。

⑮ 单击行标 1,右键单击,在弹出的快捷菜单中选择"插入"命令,插入一个空行。单击行标 1,右键单击,在弹出的快捷菜单中选择"行高"命令,弹出"行高"对话框,设置"行高"为"30",单

	A	B	C	D	E	F	G	H	I	J	K	L	M	N	O
1							2019年3月31日								
2	序号	姓名	基本工资	交通补贴	餐补	话费补贴	加班工资	绩效奖金	请假扣除工资额	全勤奖金	工资总额	五险应扣额	住房公积金应扣额	个人所得税	实发工资
3	1	张三	3,500.00	300.00	160.00	100.00	0.00	500.00	0.00	0.00	4,560.00	276.50	276.00	18.23	4089.57
4	2	王小小	2,000.00	200.00	220.00	50.00	0.00	0.00	0.00	200.00	2,670.00	215.50	240.00	0.00	2419.20
5	3	魏征	6,000.00	400.00	100.00	200.00	600.00	500.00	0.00	0.00	7,800.00	452.50	600.00	206.28	6406.52
6	4	李明	8,000.00	400.00	120.00	200.00	400.00	500.00	0.00	0.00	9,620.00	637.50	720.00	349.50	7673.00
7	5	李四	2,000.00	100.00	150.00	50.00	300.00	0.00	0.00	0.00	2,600.00	215.50	240.00	0.00	2352.70

图 8-17 设置发放工资日期为居中显示

击"确定"按钮,如图 8-18 所示。

图 8-18 设置行高

⑯ 在 A1 单元格输入"工资表",选中 A1 单元格不放,将鼠标拖动至 O1 单元格,单击右键,在弹出的快捷菜单中选择"设置单元格格式"命令,弹出"单元格格式"对话框。在"对齐"选项卡中,勾选"合并单元格"复选框,单击"确定"按钮。

⑰ 单击"工资表"所在单元格,选择表格工具栏中的居中图标;或者单击"工资表"所在单元格,单击右键,在弹出的快捷菜单中选择"设置单元格格式"命令,弹出"单元格格式"对话框。在"对齐"选项卡中,设置"水平对齐"和"垂直对齐"均为"居中"。单击"确定"按钮,则字符"工资表"显示为居中,如图 8-19 所示。

	A	B	C	D	E	F	G	H	I	J	K	L	M	N	O
1							工资表								
2							2019年3月31日								
3	序号	姓名	基本工资	交通补贴	餐补	话费补贴	加班工资	绩效奖金	请假扣除工资额	全勤奖金	工资总额	五险应扣额	住房公积金应扣额	个人所得税	实发工资
4	1	张三	3,500.00	300.00	160.00	100.00	0.00	500.00	0.00	0.00	4,560.00	276.50	276.00	18.23	4089.57
5	2	王小小	2,000.00	200.00	220.00	50.00	0.00	0.00	0.00	200.00	2,670.00	215.50	240.00	0.00	2419.20
6	3	魏征	6,000.00	400.00	100.00	200.00	600.00	500.00	0.00	0.00	7,800.00	452.50	600.00	206.28	6406.52
7	4	李明	8,000.00	400.00	120.00	200.00	400.00	500.00	0.00	0.00	9,620.00	637.50	720.00	349.50	7673.00
8	5	李四	2,000.00	100.00	150.00	50.00	300.00	0.00	0.00	0.00	2,600.00	215.50	240.00	0.00	2352.70

图 8-19 输入并设置"工资表"为居中显示

⑱ 单击"工资表"所在单元格,单击右键,在弹出的快捷菜单中选择"设置单元格格式"命令,弹出"单元格格式"对话框。单击

"字体"标签,打开"字体"选项卡,设置"字号"为"20"。单击"确定"按钮,则工资表最后显示如图 8-20 所示。

	A	B	C	D	E	F	G	H	I	J	K	L	M	N	O
1							工资表								
2							2019年3月31日								
3	序号	姓名	基本工资	交通补贴	餐补	话费补贴	加班工资	绩效奖金	请假扣除工资额	全勤奖金	工资总额	五险扣额	住房公积金应扣额	个人所得税	实发工资
4	1	张三	3,500.00	300.00	160.00	100.00	0.00	500.00	0.00	0.00	4,560.00	276.50	276.00	18.23	4089.57
5	2	王小小	2,000.00	200.00	220.00	50.00	0.00	0.00	0.00	200.00	2,670.00	215.50	240.00	0.00	2419.20
6	3	魏征	6,000.00	400.00	100.00	200.00	600.00	500.00	0.00	0.00	7,800.00	452.50	600.00	206.28	6406.52
7	4	李明	8,000.00	400.00	120.00	200.00	400.00	500.00	0.00	0.00	9,620.00	637.50	720.00	349.50	7673.00
8	5	李四	2,000.00	100.00	150.00	50.00	300.00	0.00	0.00	0.00	2,600.00	215.50	240.00	0.00	2352.70

图 8-20 工资表

至此,整个工资表的编制以及填写工作已完成,出纳可据此为员工发放工资,员工可据此查看自己当月工资的具体构成,此工资表同时还在月底作为结算凭证入账。

8.2.2 制作员工工资表图表

同样以某国际股份有限公司 2019 年 3 月 31 日的部分员工工资表为例,工资表如表 8-2 所示。

表 8-2 部分员工工资表
工资表

单位:某国际股份有限公司　　　　　　2019-3-31

序号	姓名	基本工资	工资总额	实发工资
1	张三	3500.00	3500.00	4089.57
2	王小小	2000.00	2000.00	2419.20
3	魏征	6000.00	6000.00	6406.52
4	李明	8000.00	8000.00	7673.00
5	李四	2000.00	2000.00	2352.70

制作员工工资表图表步骤如下。

① 单击 B4 单元格并拖动至 B8,按下 Ctrl 键不放,单击 E4 单元格并拖动至 E8,如图 8-21 所示。

② 单击工具箱中的"图表向导"按钮,弹出"图表向导-4 步骤之 1-图表类型"对话框。在"图表类型"列表框中选定一种类型后

	A	B	C	D	E
1			工资表		
2	单位:某国际股份有限公司			2019-3-31	
3	序号	姓名	基本工资	工资总额	实发工资
4	1	张三	3,500.00	3,500.00	4089.57
5	2	王小小	2,000.00	2,000.00	2419.20
6	3	魏征	6,000.00	6,000.00	6406.52
7	4	李明	8,000.00	8,000.00	7673.00
8	5	李四	2,000.00	2,000.00	2352.70

图 8-21　选中员工姓名及实发工资

(如柱形图),从"子图形类型"列表框中指定图形的形式,然后单击"下一步"按钮,弹出"图表向导-4 步骤之 2-图表源数据"对话框。

③ 单击"下一步"按钮,弹出"图表向导-4 步骤之 3-图表选项"对话框,在"图表标题"文本框中输入"部分员工工资图表",如图 8-22所示。

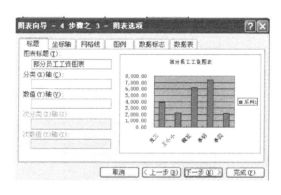

图 8-22　输入"部分员工工资图表"

④ 单击"下一步"按钮,在出现的对话框中单击"完成"按钮,部分员工工资图表即制作完成,其结果如图 8-23 所示。

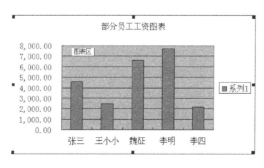

图 8-23　部分员工工资图表

8.2.3 工资表的排序

以某国际股份有限公司 2019 年 3 月 31 日的部分员工工资表为例。

① 单击 A3 单元格，并拖动至 E8，选中整个表格，如图 8-24 所示。

图 8-24 选中整个工资表

② 在菜单栏中，选择"数据"—"排序"命令，弹出"排序"对话框，如图 8-25 所示。

图 8-25 "排序"对话框

③ 在"主要关键字"下拉列表框中选择"实发工资"，选择"降序"，单击"确定"，则表格中的排列顺序按实发工资从高到低的降序排列，如图 8-26 所示。

图 8-26 按降序排列的部分员工工资表

8.3 财务报表的填制

会计每月月底要根据企业经营情况编制财务报表,即资产负债表及损益表,为企业领导人或者其他相关人员提供企业会计信息。在财务报表中,出纳主要接触的是资产负债表中的资产类科目以及现金流量表,下面就其相关信息的填制进行说明。

8.3.1 资产负债表

资产负债表主要表现了企业在某一特定日期的财务状况,包括资产、负债及所有者权益三大方面的内容,其格式如表8-3所示。

资产负债表各科目均要填列"年初余额"和"期末余额"两栏。其中,"年初余额"栏内各项数字,应根据上年末资产负债表的"期末余额"栏内所列数字填列。

"期末余额"栏主要有以下几种填列方法:

① 根据总账科目余额填列,如"短期借款""应付票据""应付职工薪酬"等项目,根据"短期借款""应付票据""应付职工薪酬"各总账科目的余额直接填列;有些项目则需要根据几个总账科目的期末余额计算填列,如"货币资金"项目,需要根据"库存现金""银行存款""其他货币资金"三个总账科目的期末余额的合计数填列。

【例8-3】某国际股份有限公司2019年4月30号结账后的"库存现金"科目余额为5000元,"银行存款"科目余额为1600000元,"其他货币资金"余额为300000元。

该企业2019年4月30号资产负债表中的"货币资金"项目金额为 $5000+1600000+300000=1905000$ 元。本例中,企业应当将"库存现金""银行存款"和"其他货币资金"三个总账科目余额加总后的金额,作为资产负债表中"货币资金"项目的金额。

表8-3 资产负债表

纳税人识别号: 单位:元

资产	行次	期末余额	年初余额	负债和所有者(或股东)权益	行次	期末余额	年初余额
流动资产:				流动负债:			
货币资金	1			短期借款	32		
以公允价值计量且其变动计入当期损益的金融资产	2			以公允价值计量且其变动计入当期损益的金融负债	33		
应收票据	3			应付票据	34		
应收账款	4			应付账款	35		
预付账款	5			预收账款	36		
应收利息	7			应付职工薪酬	37		
应收股利	6			应交税费	38		
其他应收款	8			应付利息	39		
存货	9			应付股利	40		
一年内到期的非流动资产	10			其他应付款	41		
其他流动资产	11			一年内到期的非流动负债	42		
流动资产合计	12			其他流动负债	43		
非流动资产:				流动负债合计	44		
可供出售金融资产	13			非流动负债:			
持有至到期投资	14			长期借款	45		
长期应收款	15			应付债券	46		
长期股权投资	16			长期应付款	47		
投资性房地产	17			专项应付款	48		
固定资产	18			预计负债	49		
在建工程	19			递延所得税负债	50		
工程物资	20			其他非流动负债	51		
固定资产清理	21			非流动负债合计	52		
生产性生物资产	22			负债合计	53		
油气资产	23			所有者权益(或股东权益):			
无形资产	24			实收资本(或股本)	54		
开发支出	25			资本公积	55		
商誉	26			减:库存股	56		
长期待摊费用	27			盈余公积	57		
递延所得税资产	28			未分配利润	58		
其他非流动资产	29						
非流动资产合计	30			所有者权益(或股东权益)合计	59		
资产总计	31			负债和所有者权益(或股东权益)总计	60		

会计主管: 制表人:

【例8-4】某国际股份有限公司2019年4月1日向银行借入一年期借款320000元,向其他金融机构借款230000元,无其他短期借款业务发生。

企业2019年4月30日资产负债表中的"短期借款"项目金额为320000+230000=550000元。本例中,企业直接以"短期借款"总账科目余额填列在资产负债表中。

【例8-5】某国际股份有限公司2019年4月3日应付甲企业商业票据32000元,应付乙企业商业票据56000元,应付丙企业商业票据680000元,尚未支付。

企业2019年4月30日资产负债表中的"应付票据"项目金额为32000+56000+680000=768000元。本例中,企业直接以"应付票据"总账科目余额填列在资产负债表中。

【例8-6】某国际股份有限公司2019年4月30日应付员工工资300000元,应计提福利费42000元,无其他应付职工薪酬项目。

企业2019年4月30日资产负债表中的"应付职工薪酬"项目金额为300000+42000=342000元。本例中,员工工资和福利费都属于职工薪酬的范围,应当以各种应付未付职工薪酬加总后的金额,即"应付职工薪酬"总账科目余额填列在资产负债表中。

② 根据明细账科目余额计算填列。如"应付账款"项目,需要根据"应付账款"和"预付账款"两个科目所属的相关明细科目的期末贷方余额计算填列;"应收账款"项目,需要根据"应收账款"和"预收账款"两个科目所属的相关明细科目的期末借方余额计算填列。

【例8-7】某国际股份有限公司2019年4月底结账后有关科目所属明细科目借贷方余额如表8-4所示(单位:元)。

表 8-4　科目余额表

科目名称	明细科目借方余额合计	明细科目贷方余额合计
应收账款	100000	20000
预付账款	60000	5000
应付账款	70000	12000
预收账款	10000	85000

该企业 2019 年 4 月 30 日资产负债表中相关项目的金额如下：

- "应收账款"项目金额为 100000＋10000＝110000 元。
- "预付账款"项目金额为 60000＋70000＝130000 元。
- "应付账款"项目金额为 12000＋5000＝17000 元。
- "预收账款"项目金额为 85000＋20000＝105000 元。

③ 根据总账科目和明细账科目余额分析计算填列。如"长期借款"项目，需要根据"长期借款"总账科目余额扣除"长期借款"科目所属的明细科目中将在一年内到期的长期借款后的余额计算填列。

【例 8-8】某国际股份有限公司 2019 年 4 月份长期借款情况如表 8-5 所示。

表 8-5　长期借款表

借款起始日期	借款期限/年	金额/元
2009 年 4 月 1 日	3	120000
2008 年 5 月 7 日	5	100000
2007 年 3 月 10 日	4	200000

某国际股份有限公司 2019 年 4 月底的资产负债表中"长期借款"项目金额为 120000＋100000＝220000 元。

注意："长期借款"总账科目余额 120000＋100000＋200000＝420000 元，减去一年内到期的长期借款 200000 元，作为资产负债表中"长期借款"项目的金额，即 420000－200000＝220000 元。

④ 根据有关科目余额减去其备抵科目余额后的净额填列。如"固定资产"项目，应根据"固定资产"科目的期末余额减去"累计折旧""固定资产减值准备"科目余额后的净额填列。

【例8-9】某国际股份有限公司2019年4月30日结账后,"固定资产"科目余额为670000元,"累计折旧"科目余额为257000元,"固定资产减值准备"科目余额为76000元。

某国际股份有限公司2019年4月30日资产负债表中的"固定资产"项目金额为670000－257000－76000＝337000元。

【例8-10】某国际股份有限公司2019年4月30日结账后,"应收账款"科目所属各明细科目的期末借方余额合计110000元,贷方余额合计20000元,对应收账款计提的坏账准备为13000元,假定"预收账款"科目所属明细科目无借方余额。

某国际股份有限公司2019年4月30日资产负债表中的"应收账款"项目金额为110000－13000＝97000元。

【例8-11】某国际股份有限公司2019年4月份交付安装的设备价值为360000元,未完建筑安装工程已经耗用的材料70000元,工资费用支出115000元,"在建工程减值准备"科目余额为37000元,安装工作尚未完成。

某国际股份有限公司2019年4月30日资产负债表中的"在建工程"项目金额为360000＋70000＋115000－37000＝508000元。

【例8-12】某国际股份有限公司2019年4月30日结账后,"无形资产"科目余额为730000元,"累计摊销"科目余额为69000元,"无形资产减值准备"科目余额为56000元。

某国际股份有限公司2019年4月30日资产负债表中的"无形资产"项目金额为730000－69000－56000＝605000元。

8.3.2 利润表

利润表主要反映企业在一段时期内的经营情况。通过表格反映出来的会计信息,向企业领导人或者其他相关人员反映企业一段时期内的收入、成本、费用以及盈亏情况。其格式如表 8-6 所示。

表 8-6 利润表

编制单位：　　　　　　　　　　年　月　日　　　　　　　　　单位:元

项　　目	本期金额	上期金额
一、营业收入		
减:营业成本		
税金及附加		
销售费用		
管理费用		
财务费用		
资产减值损失		
加:公允价值变动收益(损失以"－"号填列)		
投资收益(损失以"－"号填列)		
其中:对联营企业和合营企业的投资收益		
二、营业利润(损失以"－"号填列)		
加:营业外收入		
减:营业外支出		
其中:非流动资产处置损失		
三、利润总额(损失总额以"－"号填列)		
减:所得税费用		
四、净利润(损失以"－"号填列)		
五、每股收益：		
(一)基本每股收益		
(二)稀释每股收益		

【例 8-13】某国际股份有限公司 2019 年 4 月份结账后，"主营业务收入"科目的贷方发生额为 1650000 元，"其他业务收入"科目的贷方发生额为 2000000 元。

某国际股份有限公司 2019 年 4 月份利润表中，"营业收入"的项目金额为 1650000＋2000000＝3650000 元。

【例 8-14】某国际股份有限公司 2019 年 4 月份结账后，"主营业务成本"科目的借方发生额为 300000 元；2019 年 4 月 21 日，销售给甲公司的一批产品由于质量问题被退回，该项销售已确认成本 110000 元；"其他业务成本"科目借方发生额为 80000 元。

某国际股份有限公司 2019 年 4 月份利润表中，"营业成本"的项目金额为 300000－110000＋80000＝270000 元。

【例 8-15】某国际股份有限公司 2019 年 4 月份,"主营业务收入"科目发生额为 1650000 元,"主营业务成本"科目发生额为 300000 元,"其他业务收入"科目发生额为 2000000 元,"其他业务成本"科目发生额为 80000 元,"税金及附加"科目发生额为 360000 元,"销售费用"科目发生额为 60000 元,"管理费用"科目发生额为 50000 元,"财务费用"科目发生额为 170000 元,"营业外收入"科目发生额为 100000 元,"营业外支出"科目发生额为 140000 元。

某国际股份有限公司 2019 年 4 月份营业利润为 1650000＋2000000－300000－80000－360000－60000－50000－170000＝2630000 元。

某国际股份有限公司 2019 年 4 月份利润总额为 2630000＋100000－140000＝2590000 元。